国际博协培训中心年度报告

（2017 年）

国际博协培训中心办公室 编

故宫出版社

图书在版编目（CIP）数据

国际博协培训中心年度报告. 2017年／国际博协培训中心办公室编. —北京：故宫出版社，2019.6

ISBN　978-7-5134-1212-4

Ⅰ.①国…　Ⅱ.①国…　Ⅲ.①博物馆学－研究报告－2017

Ⅳ.①G260

中国版本图书馆CIP数据核字(2019)第097487号

国际博协培训中心年度报告（2017年）
国际博协培训中心办公室　编

主　　编：闫宏斌　果美侠

执行主编：李颖翀

责任编辑：贺莎莎

装帧设计：王　梓　于朝娟

责任印制：常晓辉　顾从辉

出版发行：故宫出版社

地址：北京市东城区景山前街4号　邮编：100009
电话：010-85007808　010-85007816　传真：010-65129479
邮箱：ggcb@culturefc.cn

制　　版：北京印艺启航文化发展有限公司

印　　刷：北京启航东方印刷有限公司

开　　本：787毫米×1092毫米　1/16

印　　张：11.75

版　　次：2019年6月第1版
　　　　　2019年6月第1次印刷

书　　号：ISBN 978-7-5134-1212-4

定　　价：60.00元

前　言

　　今年已是培训中心在故宫成立的第四年。近四年来，培训中心不断累积经验，积极调整创新，拥有了一整套承办国际培训的完善体系。2017 年是培训中心稳步发展、积极创新的进步年。培训中心各项工作脚踏实地，组织和服务工作体系越发完善。作为一个具有国际视野和专业水准的博物馆交流与学习平台，培训中心正为世界博物馆行业的博物馆人提供着专业、前沿、全面的业务技能和综合能力培训。

　　2017 年，培训中心在课程内容规划、课程形式设计、合作伙伴拓展和会务组织工作等方面都有所突破。课程主题在遵循目前培训中心"4+1"（管理、藏品、教育、展览 4 个基本主题和 1 个特别主题）循环模式的基础上，结合了 2017 年博物馆行业发展情况的大环境，在课程内容和形式设计上提炼出互动、协作、实践三个关键词，并触类旁通，举一反三。合作伙伴也突破了以往博物馆和高校文博从业者的局限，积极纳入呼应主题且针对性很强的社会专业机构，丰富培训资源，扩展培训深度和广度。会务组织工作也与时俱进，根据需要调整服务工作和培训资料，为专家、学员提供了最实用的会务资料和最贴心的会务服务。

　　2017 年，我们欣喜地获得了更多专家、学员对培训中心的肯定。随着培训中心在国际博物馆领域逐步建立起良好声誉，我们的影响力和辐射范围也不断扩大。以 2017 年春季培训班为例，全世界有近 70 个国家的博物馆同仁申请参加；中国申请人数也达到史上最多，所在地域覆盖了中国的大江南北。经过严格筛选和综合考量，2017 年两期培训班共招募学员 64 名，国际学员来自亚、非、欧、拉和大洋洲五大洲，亚美尼亚、澳大利亚、阿塞拜疆、贝宁、布基纳法索、哥伦比亚、厄瓜多尔、埃及、危地马拉、印度、印度尼西亚、伊朗、日本、肯尼亚、立陶宛、蒙古、纳米比亚、尼泊尔、巴基斯坦、波兰、塞舌尔、新加坡、斯洛文尼亚、南非、韩国、泰国、土耳其、越南和赞比亚共 29 个国家，中国学员遍布国内 13 个省、自治区和直辖市，具体包括：安徽、北京、重庆、广东、广西、河南、湖南、内蒙古、江苏、上海、山西、天津和云南。全球优秀博物馆人的工作经验与奇思妙想，在培训中心开放多元的平台上汇聚、碰撞。

从容、淡定而不失热情，2017 年的培训中心仍在不断成长。我们也将继续学习国外先进的培训理念和经验，并将理论与实践相结合，为培训中心更上一层楼而奋斗笃行。

故宫博物院副院长

国际博协培训中心主任

2018 年 4 月

目　录

第一章

培训中心 2017 年工作概述

国际博协培训中心，全称"国际博物馆协会国际博物馆培训中心"（以下简称"培训中心"），于 2013 年 7 月 1 日在故宫博物院成立。培训中心是以博物馆培训项目为核心、附属于国际博物馆协会中国国家委员会（与中国博物馆协会为同一机构，以下简称"中国博协"）的培训机构，是国际博物馆协会（以下简称"国际博协"）和中国博协基于其宗旨、任务以及共同专业诉求而开展建立的、依托故宫博物院运行管理的合作平台。培训中心以促进发展中国家，特别是亚太地区国家博物馆业务水平为宗旨，是以培训项目为核心的常设培训机构。

项目以短期、小规模的研讨式培训班为主，每期培训班周期为 10 天，招收学员 30-35 名，其中中国和国际学员各占一半，国际学员主要来自亚太地区发展中国家。在综合考虑国际博协战略规划和工作重点，以及学员的专业背景、业务水平和培训需求的基础上，设置最具探讨价值的课程主题。

作为国际博协的培训机构，培训中心充分展现了国际博协的价值，以最广泛的包容性考虑整个博物馆领域的需求，发挥国际博协在世界博物馆领域的领导地位。同时，利用中国和亚太地区博物馆的优势资源，培训中心也将国际需求与地区优势有机地结合了起来。

2017 年，培训中心按照年度工作计划，在北京顺利举办了两期培训班，即培训中心自成立以来的第八期和第九期培训班，主题分别为"我们的博物馆：丰富全龄段观众体验"和"博物馆参与型展览开发"，专注博物馆教育及展览工作。通过国际博协、中国博协与故宫博物院三方的通力合作，在培训中心协调人的尽心沟通与协调下，两期培训班圆满结束。2017 年全年共有 10 名中外专家和 64 位中外学员参与到培训中来，学员范围覆盖亚、非、欧、拉和大洋洲五大洲共 29 个国家。

2017 年培训班情况概览表

	2017 年 4 月培训班	2017 年 11 月培训班
时间	2017 年 4 月 2 日 –11 日	2017 年 11 月 5 日 –14 日
时长	10 天	10 天
地点	中国北京	中国北京
主题	我们的博物馆：丰富全龄段观众体验	博物馆参与型展览开发
学员人数	31	33
学员分布	亚洲、非洲、欧洲、拉丁美洲、大洋洲	亚洲、非洲、欧洲、拉丁美洲

　　经过三年多的发展，国际博协培训中心在前期工作安排、课程内容规划、课程形式设计、教师邀请、学员遴选及会务组织协调、培训班执行和工作总结等方面都拥有了整套完备的工作体系，并在此基础上不断调整，推陈出新。

　　课程主题采用 "4+1" 循环模式，以博物馆管理、藏品、教育与展览为 4 个基本主题循环举办培训，每个循环之后插入 1 个特别主题的培训，而且所有主题的选定均是在当年博物馆行业发展大背景下进行的。基于当前博物馆行业 "人" 的地位不断提升的大环境，2017 年两次培训主题均以观众需求与观众参与为讨论重点。课程内容和形式的设计也以互动、协作、实践为原则，便于更好地将理论知识的学习转换为工作实践，从而有力促进全世界，特别是发展中国家博物馆行业的发展。

　　合作伙伴的扩展也是 2017 年培训中心的重要突破。结合主题，培训中心将具有相关特长和特色的社会机构纳入培训组织的体系中来。培训中心拥有的培训资源因此而更加丰富和专业，培训效果和针对性也大大增强。

　　此外，在会务组织协调、会务资料准备方面，培训中心办公室也与时俱进。2017 年秋季培训期间，培训中心调整了培训资料的分享方式，采取了更多便利于学员学习生活的措施，提升了培训中心的整体形象。这些改进措施是在总结前期经验、解决具体问题的过程中提炼出来的，是培训中心持续思考、不断创新的结果。

2017 年培训班工作安排表

内容 时间	培训班工作	年度报告工作	其他工作
1 月	4 月培训班：前期规划	2014 年年度报告英文翻译、编辑	培训中心工作改进措施的讨论和初步实践
2 月	4 月培训班：前期筹备		
3 月			
4 月	4 月培训班：筹备、实施与总结	2014 年年度报告审校和出版 2015 年年度报告规划、初稿撰写	培训中心 2017 年度执委会会议
5 月	4 月培训班：后期总结		
6 月		2015 年年度报告初稿撰写和英文翻译	在国际博协执委会第 135 次会议上汇报工作；在国际博协咨询委员会第 83 次会议上汇报工作；召开培训中心第四次管委会会议；培训中心学术委员会会议（第二届第一次会议）
7 月	11 月培训班：前期规划	2015 年年度报告英文翻译，审校和出版 2016 年年度报告规划	
8 月			
9 月	11 月培训班：前期规划与筹备		
10 月	11 月培训班：前期筹备		
11 月	11 月培训班：实施与总结	2016 年年度报告初稿撰写和英文翻译	
12 月	2018 年培训班规划		在国际博协执委会第 136 次会议上汇报工作

2017 年，培训中心按惯例向国际博协汇报工作，并召开培训中心管委会会议、执委会会议和学术委员会会议，总结培训工作，商讨未来发展规划。2017 年 6 月和 12 月，培训中心分别在国际博协执委会第 135 次和第 136 次会议上汇报了 2016 年 12 月至 2017 年 11 月的工作内容和未来工作计划，并提出将于中国福州福建博物院举办 2018 年秋季班。2017 年 4 月，培训中心 2017 年度执委会会议于故宫博物院紫禁书院召开，会议期间传达了 2016 年米兰大会后国际博协对培训中心相关工作的调整与期待，商讨了培训中心工作拓展的若干建议。6 月，培训中心第四次管委会会议和第二届学术委员会会议召开，对培训中心的运行条例、工作评估、建议与决策及其未来发展进行了讨论。同时培训中心也在国际博协咨询委员会第 83 次会议上汇报了 2016 年 11 月培训班和 2017 年 4 月培训班情况，培训中心对第九期、第十期培训班的规划和设想，以及扩大培训中心影响力的相关建议。

2017 年，培训中心上下一心，在已有基础上继续稳步发展、积极创新，既尝试了新的课程组织形式，也不断修正以往存在的问题，主动扩充培训合作伙伴，为世界博物馆行业提供了更高效、更专业、更先进，兼具前沿理论与实践经验的优质培训课程。

第二章

我们的博物馆：丰富全龄段观众体验

——2017 年 4 月培训班

一、培训概况

（一）培训班简介

2017 年 4 月 2 日至 4 月 11 日，国际博协培训中心 2017 年春季培训班在故宫博物院举办，主题为"我们的博物馆：丰富全龄段观众体验"。此次培训邀请了来自中国、美国、加拿大和新加坡的 6 位专家前来授课。培训内容涵盖博物馆多样化观众群体、博物馆教育的挑战与对策、博物馆教育项目设计、教育项目执行等多个方面，以专家讲授、案例分析、分组讨论、博物馆实践等多种形式学习讨论了相关理论知识及实践案例。

国内外博物馆教育及管理人员共 31 人参与了培训，其中中国学员 16 人，国际学员 15 人。中国学员来自国内 10 省市 16 家机构，分别为北京汽车博物馆、首都博物馆、中国化工博物馆、中国航海博物馆、中国科学技术馆、

图 2-1 培训班全体人员合影

重庆中国三峡博物馆、复旦大学、广东省博物馆、湖南省博物馆、内蒙古博物院、介休市博物馆、南京博物院、文化部恭王府管理中心、上海科技馆、云南省博物馆和天津恒达文博科技有限公司。国际学员来自亚、非、欧、拉和大洋洲的 14 个国家，以发展中国家为主，包括澳大利亚、贝宁、厄瓜多尔、埃及、印度、蒙古、纳米比亚、巴基斯坦、波兰、塞舌尔、新加坡、韩国、泰国和越南。其中澳大利亚、贝宁、厄瓜多尔和塞舌尔均首次派出学员参加培训。

　　本期培训班在成熟的培训模式和课程形式的基础上不断调整、勇于创新，并积极拓展新的合作伙伴，提高课程灵活性和针对性，增加学员参与感和课程互动性。如在本期培训课程的博物馆考察环节中，结合本次教育主题，首次将学校纳入考察范围，带领学员走进校园体验传统文化课程，并与老师进行交流。这不仅丰富了培训中心的培训资源，也拓展了培训思路，更与博物馆教育领域引入社会机构、馆校合作等大趋势相契合。

（二）培训日程

2017 年 4 月培训班工作安排表

日期	时间	课程／活动	主讲人／参加者	地点
4月2日 （周日）	全天	报到注册	工作人员	翠明庄
	17:00	见面会	专家、学员、工作人员	
4月3日 （周一）	9:00–9:30	开班仪式	领导、专家、学员、工作人员	故宫博物院兆祥所
	9:30–12:00	中国博物馆发展与社会教育	关强	
	14:00–17:00	故宫博物院的表情——让故宫文化资源走进人们现实生活	单霁翔	

续 表

日期	时间	课程 / 活动	主讲人 / 参加者	地点
4月4日（周二）	9:00–12:00	博物馆家庭观众：波士顿儿童博物馆最佳实践	莱斯莉·斯沃茨	故宫博物院教育中心
	13:30–17:00	博物馆观众合作：新加坡国家文物局最佳实践	阿斯玛·艾丽娅斯	故宫博物院教育中心
	19:00–21:00	展示汇报技巧	专家、学员、工作人员	翠明庄
4月5日（周三）	9:00–12:00	吸引全龄段观众与新观众的技巧	莱斯莉·斯沃茨	故宫博物院教育中心
	13:30–17:00	开发新活动，吸引新观众	阿斯玛·艾丽娅斯	故宫博物院教育中心
	19:00–21:00	分组活动 / 讨论	专家、学员、工作人员	
4月6日（周四）	9:00–12:00	如何发展博物馆教育：挑战与对策	果美侠	故宫博物院教育中心
	13:30–17:00	博物馆考察	专家、学员、工作人员	北京市内
4月7日（周五）	9:00–12:00	新观众研究	莱斯莉·斯沃茨	故宫博物院教育中心
	13:30–17:00	观众服务提升与博物馆能力建设	阿斯玛·艾丽娅斯	故宫博物院教育中心
	19:00–21:00	专家面对面	专家、学员、工作人员	翠明庄
4月8日（周六）	9:00–12:00	小型研讨会：改变你的博物馆 I	莱斯莉·斯沃茨阿斯玛·艾丽娅斯	故宫博物院教育中心
	13:30–17:00	小型研讨会：改变你的博物馆 II	莱斯莉·斯沃茨阿斯玛·艾丽娅斯	故宫博物院教育中心
4月9日（周日）	全天	北京文化遗产实地学习	专家、学员、工作人员	
4月10日（周一）	9:00–12:00	藏品阅读 I	克劳德·福贝尔	故宫博物院兆祥所
	13:30–17:00	藏品阅读 II	克劳德·福贝尔	故宫博物院兆祥所

续 表

日期	时间	课程 / 活动	主讲人 / 参加者	地点
4 月 11 日（周二）	9:00–12:00	参观故宫博物院	专家、学员、工作人员	故宫博物院
	13:30–15:30	参观故宫博物院教育中心	专家、学员、工作人员	故宫博物院教育中心
	15:30–16:00	培训评估	学员	故宫博物院兆祥所
	16:00–17:00	结业仪式	领导、专家、学员、工作人员	
4 月 12 日（周三）	全天	人员离京	工作人员	翠明庄

二、培训内容

（一）博物馆观众研究理论

1. 新观众研究

授课教师：莱斯莉·斯沃茨（美国），波士顿儿童博物馆研究与项目策划部副主任

了解观众需求是博物馆满足和丰富全龄段观众体验的前提。博物馆工作者不仅需要明确知道观众需求对于博物馆制定发展策略和工作内容的重要意义，更需要深入了解观众需求所包含的具体内容，以正确有效的方法从观众群体中收集必要信息，深入研究观众心理。斯沃茨女士强调了博物馆了解观众的必要性，并介绍了三种采集观众信息的方法。

图 2-2　授课教师：莱斯莉·斯沃茨

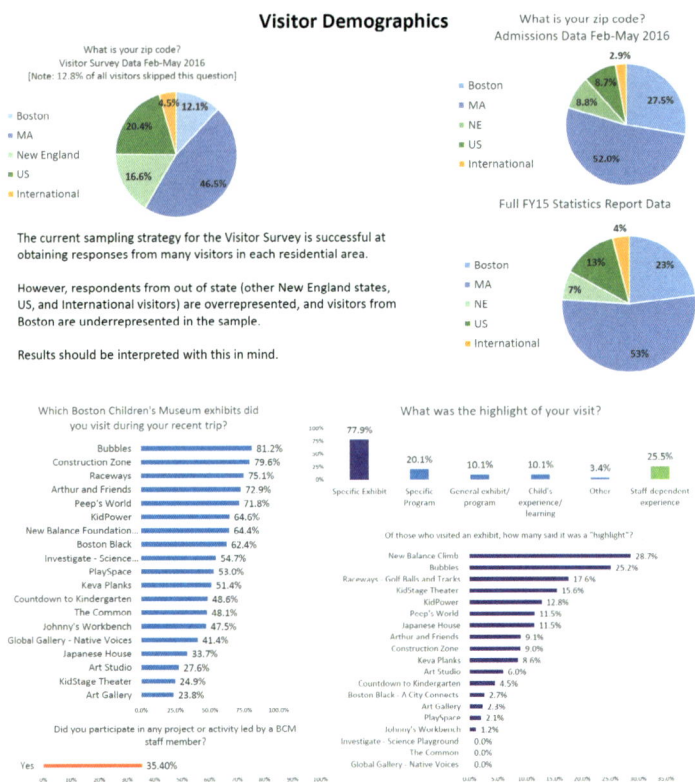

图 2-3   观众数据统计示例

（1）观众需求与必要信息

在商业领域，了解受众是走向成功营销的关键一步。如果商家在进行市场营销时不清楚目标受众及其具体需求，则难以为一款产品打开销路。这一原理对博物馆来说同样适用。博物馆在不了解目标观众需求的情况下同样难以推出令人满意的展览或活动。

为了满足人们的需求、迎合大家的喜好，商家往往会根据需求类型对观众群体进行分类、分析。若商家做不到面面俱到，则可能会引发某些观众的负面反应。同理，博物馆也应对观众需求进行分类调查，并在无法满足某些观众的需求时作出合理解释，尽可能寻求解决方案。

观众对于参观环境的期待各有不同，其所倾向的参观时间也会分散在工作日、周末和节假日的不同时段。同时，天气也会影响到人们的参观：如在夏季，有空调的博物馆会成为许多观众的首选；在冬季，观众则更希望能够避开空气污染、严寒天气而选择在室内参观，开放型的博物馆则可能受到影响。为了吸引更多观众，博物馆需综合了解不同类型观众的详细数据，以提升全面素质并吸引更多观众。

观众群体之间的差异需要通过详细的人口数据统计来区分，统计内容包括性别、年龄、语言、职业、收入、教育背景、民族、种族、宗教信仰、个人能力、博物馆参观经历以及学习方式等信息。例如，了解观众的母语是什么，有助于博物馆为其提供舒适亲切的参观环境；经济拮据的观众可能对于博物馆这一类场所不太熟悉，需要博物馆给予更多关注；观众的教育背景同样重要，因为其影响着观众接受知识的方式；由于不同民族、种族与宗教之间存在文化差异，不同观众面对同一事物可能有截然相反的态度，博物馆面对这一问题时要保持文化敏感度；了解观众从前的参观经历也可以协助博物馆作知识层面上的调整，以便设计出更易于理解和吸收的展览内容。此外，博物馆还可以通过调整活动形式来适应不同观众群体的参观习惯，改善其参观体验。

除了进行人口统计数据的收集，博物馆还可以通过收集以下信息来提升其知名度并优化参观体验：①观众的行程规划及其影响因素。②观众参观博物馆的频次及博物馆吸引他们的因素。③观众在博物馆里的活动、对展览的评价和期待。

（2）信息收集方法

博物馆可以利用观察、问卷调查或采访等方式来收集相关信息。

观察观众的方法包括计数、观众追踪和观众对话记录。首先，计算某一时间内展厅中观众的数量以及观众在展览中停留的时间（观众停留的总时间、在展品前停驻的时间以及排队等候的时间）。如果大部分观众参观展览的时间过短，博物馆就需要进行反思，及时改进；在同一展览中，可能会有吸引观众的热门内容和观众较少的冷门内容，博物馆可以对冷门内容进行记录并研究如何提升其吸引力。博物馆也可以倾听观众的评论，因为这些评论会直接反映出展览对观众思考的启发和展览引发的讨论。观察是收集数据的有效途径，但观察过程中要注意尽可能减少干扰，并科学地选取样本，以求得出公正的结果。有了数据，策展人就可从观众视角了解展览效果。

另一种收集信息的方法是开展问卷调查。一份高效的调查问卷应既包括开放型问题，也包含封闭型问题。封闭型问题虽然便于统计与分析，但只能提供量化结果，缺少细致精确的具体参观经验，而通常情况下问卷可以通过加入开放性问题以弥补这一缺陷。博物馆可以通过设计合理的调查问卷来探究观众的内心想法。在波士顿儿童博物馆，问卷调查常常借助 iPad 平板电脑在网络平台上进行发放和收集。同样，电子邮件可以用来发送更长的调查问卷，也是值得推荐的调查媒介。

最耗时但最有成效的信息收集方法是访谈。访谈设计需要有明确的针对性，先选择采访对象，再提前设计好访谈框架。访谈应简短直接，时间控制在 5 分钟内。若需采访家长，则应在采访过程中为他们的孩子提供可参与的活动。访谈有助于得出详细精确的结果，因为受访者常会以具体的词汇来明确表达自己的真实想法，也不容易产生问卷统计中会出现的误解。此外，通过采访第三方，博物馆也可以收集对展览与活动的客观评价。

2. 观众服务提升与博物馆能力建设

授课教师：阿斯玛·艾丽娅斯（新加坡），新加坡国家文物局教育推广与社区拓展司副司长

博物馆的使命之一是不断提升其服务观众的能力，促进社会融合。为了实现这一使命，博物馆需要采取各种措施以提高自身服务水平，确保其成为社区中可靠的学习、文化和交流中心，从而促进社会的整体发展。

所谓社会融合是指通过努力让社会中的所有群体感到自己"受重视"，同

图 2-4　授课教师：阿斯玛·艾丽娅斯

时，社会融合也可以理解为鼓励个人和集体参与公共活动的过程，其目的在于吸引贫穷和边缘化群体参与到社会中来，鼓励他们充分利用不断激增的全球机遇。这一新兴机制的出现，体现了这些被边缘化的社会群体所需的存在感和社会为满足其需求寻找恰当机制的重要性。

博物馆的社会角色远远超出人们通常的印象。一个成功的博物馆往往会以以下几种方式影响社会：(1) 促进个人成长和发展。(2) 社区赋权（赋予社区权力来增加自主权）。(3) 建立具有包容性的社区。(4) 促进社区的健康发展。(5) 取得更多教育成就（不仅是孩子，还同时针对成年人）。(6) 促进终身学习。(7) 解决失业问题（老年人和青少年可被吸引参与志愿活动）。(8) 打击犯罪。

博物馆也会间接影响社会发展。社区组织和个人在文化遗产宣传和保护方面发挥着越来越大的作用，若博物馆能对他们提出的方案加以甄选，并择优支持，他们也可能做出巨大的贡献。博物馆需要他们的专业知识，社区组织和个人也需要博物馆的资源，因此博物馆必须融入社区。博物馆社会影响力的核心即激发社区对其历史的兴趣和自豪感。通过为社区成员提供生活技能、经验和信心，博物馆将成为社区发展的催化剂。

多数博物馆为了迎合大众做了很多努力，但实际上博物馆并不可能满足所有人。例如，由于语言障碍，外国游客很难融入当

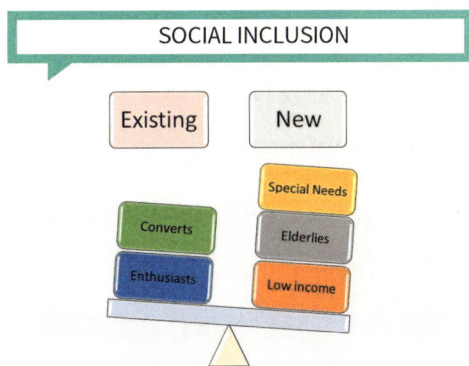

图 2-5　社会融合的挑战

地博物馆；社区的新居民或移民可能会因"脸生"而被嘲笑和孤立；普通观众可能会因为博物馆的一些知识太过专业、难以理解而与博物馆渐行渐远。因此，要实现社会融合的使命，博物馆需制订可靠的行动计划。

我们可以通过以下几步来制订行动计划：确定、调查、培养、咨询、计划、实施和评估，接下来就是成功和庆祝了。

首先，博物馆需确定行动计划的目标群体。假设目标群体是单亲家庭，博物馆想吸引这些父母前来，就得满足他们的一些特定需求，比如为孩子提供更多参与项目。其次，展开调查，了解如何满足目标群体的需求。延续以上例子，博物馆需要研究馆内的基础设施对儿童相关项目开展的影响。项目开展者若缺乏专业知识，不知如何满足目标群体的特定需求，就需要向专业人员咨询。调查结束后，博物馆即可规划针对该群体所需做出的具体改变并设计活动。此外，还需将信息传达到整个博物馆。例如，博物馆对某一特定群体的关注和相关规划需通知博物馆入口处。馆内每个人都应达成共识——"我们欢迎这类群体，我们想要为他们做点什么"，这点非常重要。

对于制订有效的行动计划，可从以下问题着手：（1）我们希望解决什么社会问题？（2）我们可以从哪里得到相关信息和规定细节（比如课程标准、政府文件）？（3）我们的目标是什么？（4）我们期待与谁合作（图书馆，社区中心或是学校）？（5）我们还需要什么去充盈内容（顾问还是资源）？（6）我们的营销方案是什么？（7）我们怎样发布信息（社交媒体还是纸媒）？（8）短期乃至长期来看，这个计划会带来什么？

为了充分发挥博物馆在社会融合中的作用，博物馆需积极展开社会教育工作，如将博物馆和遗产地作为学习实践基地进行教学，将展览及各种教育项目带入校园；不断提高馆内参与型项目及设施的可持续性。为了开展以上工作，需做好如下基础工作：一是充分的培训，包括员工、教育工作者和志愿者培训；二是目标群体的跟踪调查，包括跟进幼儿至青年理解能力和兴趣特点的变化；三是积极建立与社区的联系，并发展合作伙伴关系。

（二）博物馆吸引观众的策略

1. 博物馆的努力：方向与技巧

授课教师：莱斯莉·斯沃茨（美国），波士顿儿童博物馆研究与项目策划部副主任

想让博物馆的服务惠及全龄段观众，博物馆应作何准备？莱斯莉·斯沃茨女士提供了一些与观众接触的实用方法。对于观众而言，越友好的环境、展览和活动，越能展现出博物馆的人文关怀。博物馆需在观众服务设施、展览、公众项目、引导标识和博物馆活动等方面采取措施，使之与目标观众需求相匹配。

（1）观众服务设施

为了使观众感到宾至如归，博物馆应提供便利的服务设施。但在正式入手改善服务设施前，博物馆应先针对观众进行调查，了解和收集他们的真正需求。

设计观众服务设施需要考虑的最重要因素是安全、清洁和乐趣，否则，观众将难以认真关注展览的内容。当然，友好而乐于助人的博物馆员工也非常重要。为了体现博物馆的人文关怀，首先，可在明显区域设置拥有换尿布桌的洗手间，供带孩子的观众使用。其次，要在展览中布置一定的座位，尤其在那些为儿童提供活动的博物馆中，只有给家长安排好座位，孩子们才能有足够的时间自由玩耍。另外，博物馆也可以在餐厅外建立一个有饮水机的午餐室，以便观众享用自带的午餐。最重要的是，博物馆应设置轮椅通道与婴儿车通道，并装设明确的方向指示标识。

观众服务设施的便利程度和质量对观众的参观体验有着决定性的影响，而博物馆的口碑正取决于观众的参观体验。一家博物馆的口碑可以说是其最为重要的营销手段，因此在馆内设置良好的观众服务设施至关重要。

（2）家庭友好型展览

博物馆应怎样设计展览才能吸引整个家庭前来观展？费城的一位研究人员列出了一份家庭友好型展览特点的清单，其中包括多层次、多用户、便利性、多成果、多模式、易读性、相关性和多年龄段。

多层次意味着家庭观众的部分成员可聚集在展品周围，另一部分成员则可以参与活动；多用户即观众与观众能实现更多的肢体互动；便利性将确保成人和儿童均可舒适地参观展览；多成果表示博物馆活动应有不同的开放式体验，不设标准答案，而是鼓励小组自由讨论与思考；多模式即活动需要不同的学习方式和不同级别的知识，博物馆应在其所有的活动中尝试多模式，以求适应不同学习风格的观众；易读性是指展览的文本介绍必须清晰、有吸引力、字体足够大；相关性也非常重要，博物馆展览应在某种程度上与观众原有知识体系有所联系，这将有助于他们收获更多；多年龄段则意味着博物馆应为目标观众准备相应的内容，如果希望不同年龄层的观众都能获得良好的参观体验，那就应该考虑每一个年龄群体所期待的内容或所能做的事情。

如今该清单已成为许多美国博物馆判定一个展览或活动的规划与设计是否对家庭观众友好、能否吸引全龄段观众参与的重要依据。

（3）公众项目

以下机制可以增加儿童或成人对博物馆藏品、展览的兴趣。

首先是公众项目与家庭活动。人们都钟爱能获得奖励的活动，哪怕那只是纸上的一枚印戳。"奖励"手段是吸引观众注意力的极佳手段，对于儿童尤甚。他们喜欢比赛竞争，喜欢找寻物品或完成指派的任务，所以有时除了纸笔活动，在展厅中进行障碍竞赛与探索活动，能使更多家庭观众主动参与其中。

另外，家庭导览同样非常实用。它可以是专题性导览，例如儿童喜爱动物题材，那么博物馆可以请他们在艺术品中寻找动物，或设置一些小谜题，

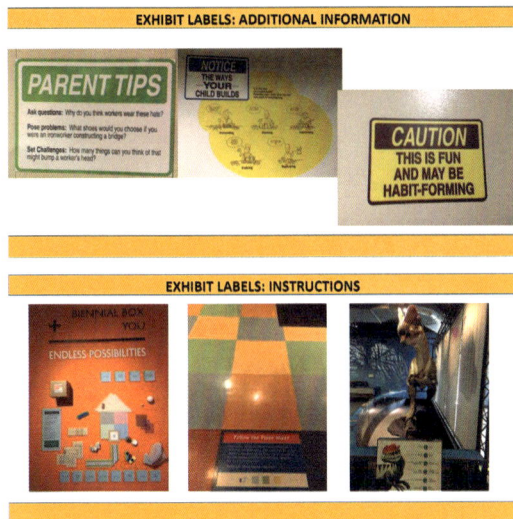

图 2-6　博物馆标识示例

引导他们自主找寻线索并积极探索。在这种情况下，虽然谜题存在正确答案需要寻找，但更重要的是创造、寻找和观察的过程有助于儿童将注意力集中于藏品与展览内容。导览还可以引入数字化设备，如为教育活动准备电子化家庭活动室。

无论何种机制，博物馆最重要的使命都是引起观众兴趣，促使人们探索感兴趣的事物。

为了吸引观众，博物馆展览与活动项目之间的关系应更加具体，关联性更强。活动形式也可以更多样化，如艺术工坊、文化节、音乐表演以及为儿童举办的舞会都是非常好的活动。

（4）引导标识

有趣的引导标识可通过简单的语句告诉观众应该做什么或怎么做。因此，博物馆应在观众最需要标识的区域设置标识，引导观众。引导标识既可以是平面图像，也可以是立体视觉效果。

在设置引导标识之前，博物馆应首先考虑阅读它们的主体，并提供不同层级的信息。博物馆可以简短标题为引导标识的主要形式，并随时准备为想要更深入了解该资讯的观众提供更多信息。人们通常会更关注那些第一眼看到就产生兴趣的事物，并由此开始关注细节。因此，博物馆应保持标识的简洁醒目，同时在标识中加入图片、划出重点，吸引观众自行深入研究。

（5）活动与学习

博物馆活动项目的规划与设计取决于其目标观众及展览内容。"让学习看得见"是很重要的。为了达到"让学习看得见"这一目标，博物馆能做什么呢？如何确定活动项目是否达到目标呢？博物馆可以试着将目标观众与其朋友和家人联系在一起。例如在儿童博物馆中，孩子们从广受欢迎的活动中学到的知识能够让家长意识到活动项目的成功。观众的反应是博物馆策划活动项目的引导者与试金石。

博物馆还可以尝试与学校、公司、研究机构等建立联系与合作。博物馆的优势在于资源丰富，因此在博物馆内可以完成许多在家无法完成的事情。同时，博物馆可与其所在地区正在研究创新产品的公司合作——因为公司也愿意让孩子们来测试新产品。除此以外，音乐、角色扮演或拼贴也是可以展示学习成果的趣味活动。

2. 社会与博物馆：馆外拓展项目

授课教师：阿斯玛·艾丽娅斯（新加坡），新加坡国家文物局教育推广与社区拓展司副司长

博物馆的文明礼仪对于人们在博物馆内的行为有着各种各样的限制：观众在博物馆内应保持干净和整洁，不能奔跑打闹、高声喧哗，不可使用闪光灯拍照等。往往这些文明礼仪都不是观众的需求，而是他们的限制。因此，博物馆向大众宣传参观礼仪时，应注意形式有趣、新意不断，例如将标识语与播放视频短片相结合。这样既不刻板严肃，又能吸引观众。

此外，博物馆有限的空间内，许多展览规划、活动设计都有很大局限性，许多设想难以达成。因此，若博物馆可以跳出空间限制，开展馆处拓展项目，利用社区等馆外资源，便能更好地完成项目，达到预期效果，展现自身价值。博物馆与社区也将因此受益良多。同时，博物馆还可充分发挥这些活动的作用，吸引更多观众走进博物馆，并使之成为常客。

（1）什么是馆外拓展项目？

馆外拓展项目即指在馆外开展的与博物馆相关的活动。一个好的馆外

拓展项目应该与博物馆的主题密切相关，吸引观众广泛参与，还能令人们感到有所收获。要想吸引更多观众，博物馆就要多地融入社会。在馆外拓展项目中，博物馆将它的主题和藏品带到馆外，给人们的参观、欣赏提供便利。人们对一个博物馆有所了解后，也就更容易在好奇心的驱使下前往该馆参观。

（2）为什么要开发馆外拓展项目？

首先，馆外拓展项目是对博物馆的一次简单介绍，它展示了博物馆的主题和博物馆的部分藏品，给予人们在有所了解的基础上，根据个人兴趣作出选择的机会。馆外拓展项目小而精的展出方式为不常走进博物馆的人们送去参观博物馆的乐趣，非常有助于吸引潜在观众。

其次，馆外拓展项目为缺乏参观条件的人群提供了便利。住所离博物馆较远者，即便交通便利且博物馆参观免费，也很难主动前来参观博物馆。对于低收入人群，连基本的日常生活也难以应付，更遑论负担去一趟博物馆的花费。馆外拓展项目则既让他们体验到参观博物馆的乐趣，又为他们展现了新鲜的事物，他们为此也可能更愿意到博物馆参观，发现更多有意义的展品。

最后，博物馆有时会由于场地修缮等原因无法提供足够的空间举办精彩的展览，馆外拓展项目则可以有效改善这种状况。吸纳图书馆等社区机构，共同举办活动，还可以解决人手不足的问题。

（3）如何设计馆外拓展项目？

在设计馆外拓展项目时，可从以下几方面考虑：①需求分析：是否有必要开发馆外拓展项目？哪部分群体有这类项目的需求？怎样准备一个馆外拓展项目？②活动目标：博物馆想通过馆外拓展项目达到什么目标？想让更多人了解博物馆，还是想吸引更多观众？③馆外拓展项目的影响：馆外拓展项目能改变人们的某些观念吗？能带来公众利益吗？④展览目标群体：展览须具有针对性，应该确定具体的目标群体。⑤馆外拓展项目的目标观众。⑥可以获得哪些资源？⑦潜在的合作伙伴：博物馆应该在馆外拓展项目开始前找寻合作伙伴，如：协会、老师、家长等。⑧地点：即使与长期合作伙伴共同开发馆外拓展项目，博物馆也应适当地考虑"场地费"的问题。⑨资金：如果合作伙伴能够获得如教育部等政府资金支持，那对项目的开发会很有帮助。

（三）如何开展博物馆教育：挑战与对策

授课教师：果美侠（中国），故宫博物院宣传教育部副主任、研究馆员

对博物馆来说，充分实现其教育职能是基础而又至关重要的使命之一。馆内外开展的丰富的教育活动不仅是博物馆为观众提供的服务内容，是博物馆实现其教育职能的有效手段，更促进了整个教育行业的发展。从国际层面来看，博物馆教育领域正经历着前所未有的改变，而世界各地的博物馆也都在尽全力寻求最新机遇，制定全新策略，应对各种挑战。

图 2-7　授课教师：果美侠

近年来，博物馆行业的观众群体、技术发展、项目合作、活动开展和教育理念等方面都发生了显著的变化。博物馆教育人员的首要任务则是要明确形势，正视博物馆面临的挑战。

第一大挑战是如何与观众有效沟通。世界各地不同类型的博物馆如今都面临着共同的难题：难以与观众有效沟通。然而博物馆的公众形象往往取决于其与观众交流的内容和方式，充分有效的沟通才能为博物馆赢得好评和尊重。由于不同层次的观众在参观博物馆时有不同的偏好，不同类型的博物馆

在观众心中也有不同的地位。如何满足每个层次观众的需求、提高博物馆的社会价值便成为博物馆工作者的重要任务。遗址类博物馆是文博行业中极具特殊性的一批机构，其展览与藏品往往不是观众的参观重点，观众关注的是遗址本身，参观也往往是朝圣式的。因此，它们仍处于被当作"旅游景点"的尴尬境地。若要成为真正意义上的"博物馆"，与观众建立有效的沟通则显得尤为重要。

第二大挑战是如何确定目标受众。博物馆在策划展览和开展教育项目之前，首先应明确目标受众的定义，并分辨出哪类观众是专程来参观展览的，哪类观众是来游玩的。明确各类观众的需求，并选择教育目标受众，博物馆才可以更好地满足观众需求，发挥其教育功能。

当然博物馆也需要采取措施提高观众流量，并控制馆内总体接待量，既要避免展馆内"空无一人"的情况，也需要保证文物安全与观众的参观质量。

那么，面对这些变化和挑战，博物馆教育人员该如何策划出好的教育项目呢？

首先，要在了解观众的基础上通过不同阶段、不同形式的沟通和调研不断调整项目内容，以满足观众需求。其次，博物馆与学校及专业社会机构的合作有助于教育项目的开发及开展。无论是博物馆展览还是日常观众参观，教育的重要地位都不应被忽视。博物馆应做好充分准备，为观众提供更多便利。此外，评估也是一项重要环节。在评估一个项目时，教育人员应同时考虑博物馆决策者和观众的需求。当他们的需求截然不同时，应以博物馆决策者的需求为出发点，并在此基础上尽力满足观众需求。

策划博物馆教育项目的原则如下：①分清主次。②勿让琐事占据全部时间。③处理事情的顺序可以依照博物馆决策者的需求灵活调整。

以如上原则为基础，解决问题和开发项目的五个策略如下：

第一是团队。组建一个优秀的团队是良好工作的基础，而一个优秀的团队则需要不同性格、不同背景的成员各司其职。只有合理地分配任务，团队的效率才能提高，成员的个人能力才会得到培养。同时，优秀的团队环境也能激发团队成员对工作的热情和兴趣。

第二是项目。教育项目的开发基于对相关背景的大量研究，亦需要专业人士的把关和有效建议。面对这样一个复杂的过程，优化改进显得尤为重要。博物馆可以选择不断开发新类型和新风格的项目促进博物馆教育的发展，同时，与社会专业机构的合作也是其寻求出路的一种有效方法。

第三是合作伙伴，具体包括馆内合作伙伴（如策展人、长期合作的志愿者、同事、管理人等）和馆外合作伙伴（如短期志愿者、老师、艺术家、设计师等）。面对两种不同的合作伙伴，我们应采取不同的策略。

第四是观众，尤其是目标观众。例如，我们应该对购买参观年票的观众和购买单次票的观众采用不同的策略。常客不想体验重复的活动，因此博物馆应该准备更多类型的内容，为他们提供多样化的体验。学习知识固然重要，但是与观众构建有效沟通同样不可忽视。

第五是评估。尽管调查问卷仍是最常见的评估方式，但是效率却有待提高。博物馆可以采用数据采集、数据分析等更切实际的方法来进行方案和调查的评估。

除了这些策略之外，教育项目的开发不能不考虑资金预算。在中国，多数博物馆都有充足的政府资金支持，所以很少出现资金缺口。但是，政府资金扶持是下拨给整个部门的，并且预算金额要由项目的完成方式和成果来决定。因此每个板块、每个项目都必须有具体的方案，在具体实施过程中也要做到适量适度。简而言之，博物馆在发展项目时必须考虑资金状况，尤其是预算内容。

凭借在故宫博物院宣教部工作多年的经验，果主任针对博物馆发展教育项目提出了一系列宝贵的建议：①教育项目面向公众开展，所以应满足不同群体的需求。如针对外国观众，需要为其提供更简单的学习材料和方式。

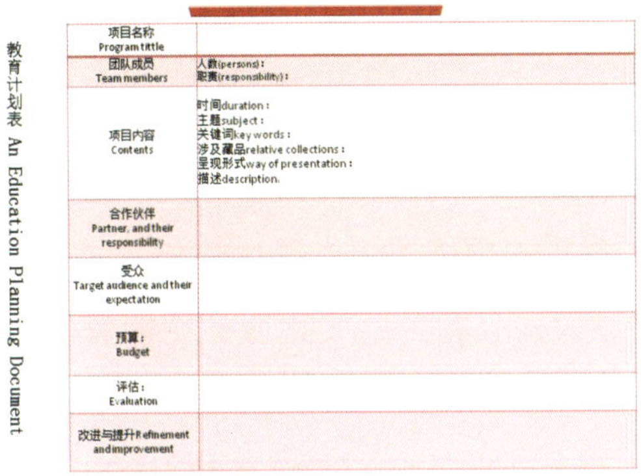
教育计划表 An Education Planning Document

项目名称 Program tittle	
团队成员 Team members	人数(persons)： 职责(responsibility)：
项目内容 Contents	时间duration： 主题subject： 关键词key words： 涉及藏品relative collections： 呈现形式way of presentation： 描述description.
合作伙伴 Partner, and their responsibility	
受众 Target audience and their expectation	
预算：Budget	
评估：Evaluation	
改进与提升Refinement and improvement	

图 2-8　教育计划表

②教育不仅适用于孩子（对综合型博物馆来说尤为如此）。对多数博物馆来说，儿童教育是工作重点，但成人教育才是潜在的动力。博物馆教育应该更多关注教师和成人，且教育部门的所有员工都应具备独立研究历史资料的能力。③项目的设计应基于观众层次，而非年龄。博物馆不仅要为孩子开展教育项目，还应找出自身的闪光点，吸引对历史感兴趣的各个年龄群体。

（四）各国博物馆最佳实践

1. 中国博物馆发展与社会教育

授课教师：关强（中国），国家文物局党组成员、副局长

博物馆是一个国家文化繁荣、文明进步的重要标志。20 世纪初，我国社会动荡不安，许多有识之士纷纷奔走呼号，希望效仿西方，建立博物馆，通过博物馆培育人才。我国第一座博物馆——南通博物苑就是在这种背景下由张謇先生创立的。因此，我国博物馆的社会教育功能从一开始就被寄予了厚望。

图 2-9　授课教师：关强

改革开放后，随着经济的迅猛发展，我国博物馆事业进入了一个高速发展的时期。

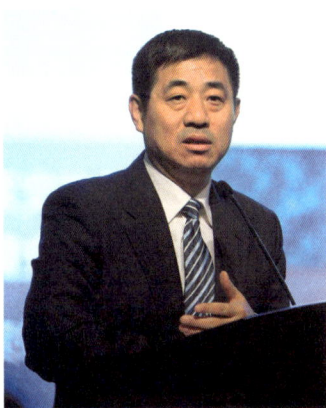

截至 2015 年底，全国登记注册的博物馆已达到 4692 家，其中国有博物馆 3582 家，非国有博物馆 1110 家。4013 家博物馆向社会免费开放，占全国博物馆总数的 85.5%。全国博物馆年观众量比免费开放前平均增加 50%。目前，中国博物馆每年举办展览超过 2 万个，参观人数约 7 亿人次，教育活动超过 20 万次。博物馆以陈列展览和社会教育为核心的公共文化服务功能有了空前的发展与丰富，正发挥着日益重要的作用。

博物馆的社会教育功能作为全社会教育体系中的一个重要组成部分，以其丰富的历史内涵和文化积淀在德育、智育、美育和提高全民素质等方面都发挥着重要的作用。首先，博物馆教育是教科书教育的解读与延伸。博物馆社会教育的最大特点也是其最大优势就是它的"物"："物"是历史的见证，是研究者以直观、生动、科学的方法解读、传达社会历史信息并印证这些信息的载体。其次，在博物馆中，我们的内心与文物丰富的历史内涵产生交流共鸣。文物不仅给予我们历史知识，还会对我们的价值观念、思想境界产生深远的影响。再次，博物馆内所陈列的，正是人类创造的兼具形式之美与历史之美的内涵丰富的文物。这种直观的、强烈的美的体验可以使人们不断提高审美能力和艺术修养，达到一个较高的审美境界。

随着博物馆免费开放政策的不断深入，各个阶层和年龄段的公众都可以零成本进入博物馆，因此博物馆的观众结构呈多元化趋势发展。博物馆的公众活动和教育项目均以观众需求为出发点，覆盖不同年龄、文化、职业、身份的人群。

作为人类社会和未来发展的重要力量，青少年的成长与社会的发展有着直接的联系。博物馆教育已成为青少年学校教育的重要补充，其直观性、生动性、真实性的特点非常适合成长中充满好奇心的青少年。始于 2014 年的国家文物局"完善博物馆青少年教育功能试点工作"，在 2014 至 2015 年两年内于 15 个省份推开的试点工作已经颇具成效。为进一步引导广大中小学生了解中华优秀传统文化，实现博物馆青少年教育资源与学校教育的有效衔接，探索构建具有均等性、广覆盖的中小学生利用博物馆学习的机制，国家文物局与教育部于 2015 年联合印发了《关于加强文教结合、完善博物馆青少年教育功能的指导意见》，为完善博物馆的青少年教育功能指明了方向、布置了任务、提供了保障。

中青年人是社会的中流砥柱，也是博物馆观众的最大构成群体。与此同时，博物馆教育也是成人教育的重要组成部分，它与社会文化、日常生活关系密切，是人们获得知识和能力的重要场所。2016 年故宫博物院举办的"石渠宝笈"展刷爆了朋友圈，"去博物馆"这件事已成为"青年文化"流行和时尚的象征。为进一步满足中青年观众获取知识的需求，博物馆需要拥有更用心的展品陈列、更精美的布展、更符合年轻人需求的解说词和教育项目。

社会老龄化目前已成为中国和世界各国共同面临的挑战。老年人福利引起社会各界的广泛关注，许多老人把参观博物馆作为走出家门寻求精神文化生活的重要活动。因此，博物馆尤其需要关注老年观众群体的特点，探寻他们的内在需求，提供更加专业和更高质量的服务。为把文物展览办到边远山区、民族地区、革命老区，办到普通公众的家门口，让更多的群众，特别是行动不便的老年观众在家门口享受博物馆的文化服务，把厚重的历史文化知识和爱国主义教育以通俗易懂的方式和朴实的言语传达给参观者，各博物馆开创了许多新办法。其中，四川博物院于 2009 年 11 月首创的"大篷车"流动博物馆已为许多博物馆所借鉴。

今天的中国博物馆，已不只是一般意义的收藏、保护、研究古物的机构或展览的场所，而是发展成了一个服务于"人的全面发展"、面向未来的公共文化教育机构。面对观众群体日益扩大、观众数量迅猛增长、观众需求日益强烈的社会现状，博物馆需要继续提升自身接待能力和条件，提高公共文化服务水平，发挥博物馆文化中心和研究中心的作用；提倡馆际交流，建立健全的陈列、展览、交流平台与公共服务质量标准和评价体系；加强流动博物馆建设，将博物馆的知识以及教育功能推向基层。只有不断挖掘和增强公共博物馆的社会教育功能，才能充分发挥博物馆在爱国主义教育、终身教育和素质教育中的重要作用。

2. 故宫博物院的表情：让故宫文化资源走进人们现实生活

授课教师：单霁翔（中国），故宫博物院院长、高级建筑师、注册城市规划师

故宫博物院是中国明清两代的皇宫，曾是二十四位皇帝居住的地方。1925 年的 10 月 10 日，紫禁城的大门突然间打开了，在 3000 多位社会名流的见证下，紫禁城城门上挂起了李煜瀛先生书写的"故宫博物院"匾额，紫禁城正式成为了现代意义上的博物馆。

图 2-10 授课教师：单霁翔

作为一座博物馆，故宫博物院最早实现的职能是"收藏"。这一阶段其博物馆文化与社会公众关系并不紧密。伴随馆藏的整理、新入藏文物数量和品种的不断增加，藏品管理的科学化要求日益迫切，于是出现了博物馆的第二职能，即"研究"，形成了博物馆收藏与研究的双重职能，也实现了博物馆发展历史上功能与职能的第一次分工。再后来，伴随时代进步，公民意识增强，文化教育成为重要的社会问题，博物馆也由少数社会精英独享，逐渐走向社会公众共享，变为社会文化教育活动的公共机构。

回溯历史，不难看出博物馆越来越倡导并实践"开放"理念，强调观众才是博物馆文化的主体，由内循环、内向型的发展模式向外向型转变，致力于与社会沟通、为社会服务，在城市发展中发挥出不可忽视的作用。故宫博物院拥有世界上现存最大的古代木构建筑群、海量的珍奇文物、深厚的历史底蕴，只有以社会公众需求为导向，以藏品研究为基础，才能充分利用这些宝贵的资源，才能发挥故宫博物院传承、传播文化的社会教育功能，满足不同观众群体的差异化诉求，丰富广大民众的精神和物质生活。

为了给民众提供最佳的博物馆体验，故宫博物院一直在思考，应该以怎样的表情面对社会公众？

第一个表情是诚心。故宫博物院采取了一系列措施改善观众参观环境，为观众参观提供便利。具体措施包括：整治售票区域所在广场，增添各区域供观众休息的椅子，优化院内标识牌、票务服务、观众服务中心的咨询服务，同时开展"点亮紫禁城"工程，从众多细节给予观众人文关怀。

第二个表情是清心。对观众参观涉及的基础设施、故宫博物院文物库房、古建筑等室内外进行环境的综合整治，力图做到从内到外整洁干净。同时，投入大量人力、物力进行文物清点，将历史留给当代社会的宝贵遗产进行细致整理和详细记录。

第三个表情是安心。故宫博物院全面禁烟防火、严防假证假票，同时启动了"平安故宫"工程。计划在四年内进行故宫博物院海淀区北部场馆、香港故宫文化博物馆建设，地下文物库房改造，基础设施改造，世界文化遗产监测，故宫安全防范新系统建设，院藏文物防震系统建设，院藏文物的抢救性科技修复保护。

第四个表情是匠心。故宫正在经历有史以来最大规模的文物修缮进程。文物的修缮需要最大限度地保留历史信息，不改变文物的原状，还要注重传统工艺技术的传承。为保证对文物伤况的科学诊断，对文物进行准确的修缮，故宫建立了中国第一座文物医院——故宫文物医院，延续文物生命历程的同时将对观众开放，给予观众知情权、参与权、监督权和受益权。

第五个表情是称心。故宫博物院为 2025 年建院 100 周年制订了新的总体规划，其中包括扩大现有开放面积、规划利用非开放区域、合理利用古建筑群，以及丰富故宫的特色原状陈列，提高专题陈列的质量和数量等。近年，故宫博物院成立了考古研究单位，同时在中国其他城市与地方文物机构合办故宫分馆，既加强对故宫文物建筑的研究，同时也充分利用故宫资源惠及了人民大众。

第六个表情是开心。为了增强故宫参观的趣味性，吸引更多年龄段的观众走进故宫、学习传统文化，故宫近年广泛应用数字化手段打造了资源丰富的网站、精品手机 APP、数字故宫社区、端门数字博物馆和虚拟原状陈列。故宫专为青少年打造的青少版故宫官网和"清代皇帝服饰""每日故宫"等数十个 APP 也广受好评。

第七个表情是舒心。故宫正在对观众服务区域进行升级改造，目前已经完成了参观区域内观众餐厅的重新规划和主题文化创意产品商店的增设，同时为家庭主妇和孩子们准备了故宫文创生活馆，为幼年儿童设计了儿童文化创意体验馆。经过近年的努力，故宫研发的系列文化创意产品不管是从趣味性、实用性，还是互动性都得到了观众的肯定。

最后一个表情是热心。故宫作为一座国家级大型博物馆，非常重视教育工作，热心公益事业。在公众教育领域，故宫成立教育中心，积极研发教育项目，目前已经有三十多个成熟的主题教育课程，并不断推广至全国范围内的博物馆；撰写故宫文化系列综合实践教材；故宫讲坛、故宫知识课堂、5·18 等主题活动或品牌教育项目声名远播。在专业培训领域，故宫成立了故宫学院，培养故宫学者，成为全国文物博物馆系统的培训基地；与国际文博行业协会合作成立国际培训机构，承办各种主题的培训活动；建立故宫博物院博士后工作站，培养文博行业人才；与更多的博物馆、教育机构签署战略合作协议，建立联合人才培养机制。此外，近年故宫还举办了数个大型国际性会议、论坛、主题夏令营，从学术理论和实践领域都积极争当带头人，多次积极促成文博行业的国际化合作。

故宫博物院作为一座博物馆，将自身鲜明的文化符号、中国优秀的传统文化以如上表情传达给每一位观众。要把故宫的博物馆工作做好，故宫人不仅需要坚持故宫文化，更应以开放的姿态迎接观众；深度挖掘最具中国传统文化内涵的文物藏品，并对其意蕴进行提取、归纳和阐释；充分尊重和体现文化渊源和特色，让故宫文化资源走进人们的现实生活。

3. 博物馆家庭观众：波士顿儿童博物馆最佳实践

授课教师：莱斯莉·斯沃茨（美国），波士顿儿童博物馆研究与项目策划部副主任

波士顿儿童博物馆成立于 1913 年，其创始人是来自哈佛大学和麻省理工学院的教授。他们不仅致力于改善儿童(特别是女孩和移民)的学习环境，还将哈佛的部分藏品捐赠给波士顿儿童博物馆作为博物馆教育人员的教具，并为波士顿儿童博物馆提供了最新的儿童教育方法和策略。在 20 世纪初美国进步思想的激励下，该博物馆的创始人们也尝试从其他博物馆收集自然历史和民族特色物品作为教材。在他们的努力下，波士顿儿童博物馆为孩子们打造了良好的科学学习环境。与此同时，教育人员的授课方式也与过去大相径庭：由以往的填鸭式教育转变为鼓励孩子进行自我探索、培养他们的观察和探究能力的探索互动式学习。

波士顿儿童博物馆的策展人始终认为："观察是教育的基础——每一个充满好奇心的举动都可以迈向知识自由。"即便与学校课程并不直接相关，他们仍鼓励孩子亲近自然，并在校外提供模拟实验的学习机会，给孩子带来了很多宝贵的实践经验。

20 世纪 60 年代，波士顿儿童博物馆引入的新的教育理念：将"动

图 2-11　波士顿儿童博物馆藏品在儿童参观学习中的使用

手学习"和"以人为本"相结合。"动手学习"是一种开放的探索方式，往往伴随着对自然现象的学习，如了解气泡的形成、球体的移动等；"以人为本"则鼓励将教育人员的工作重点移至观众，优先考虑他们的需求。这对波士顿儿童博物馆乃至世界众多博物馆来说都是前所未有的改变。

在此基础上，波士顿儿童博物馆的策展人注意到越来越多年幼的孩子愿意前来参观博物馆。于是，博物馆便尽力解决各种问题以满足孩子们的需求，努力给他们的参观带来难忘的回忆。尤其是低龄段孩子，其阅读和观察能力还有待培养，因此，博物馆为 3 岁以下的孩子专门建立了"游戏空间"，供他们体验、感受、学习和分享。

波士顿儿童博物馆致力于为儿童创造快乐的参观体验，并希望将娱乐属性打造成为其特点之一，融入其策划和展出的各类科学型展览、视觉艺术表演，以及与文化和卫生意识相关的各类文化活动。然而策展的目的并非要求孩子们深入地了解某种知识，而是通过展览的陈设与教育活动激发他们的好奇心和创造力，逐渐形成其使命感。此外，工作人员还希望前来参观的孩子不仅能独立学习，还能与家庭成员共同参与到项目中来。如果一个家庭在孩子的成长阶段常去博物馆并能为孩子带来有趣的学习体验，那么孩子便会认为博物馆是个适合学习的好地方，将来有机会就可能参观各种其他类型的博物馆。

同时，波士顿儿童博物馆也在展品和项目中注重传播文化多样性和包容性，并给他们提供机会在博物馆的活动中充分展现自我。

20 世纪 70 年代，波士顿儿童博物馆迁入新址，并尝试从社区博物馆转型为城市博物馆。那时，波士顿的许多公立学校都面临着一个严峻的问题——种族隔离，但波士顿儿童博物馆的努力却能够将各个种族联系在一起。由于所处地区和扮演的社会角色不受争议，博物馆常常活跃在城市、学校和社区的各种活动当中。又因博物馆每周一天的免费开放日，全社会的公众都能零门槛走进博物馆。在这样的背景下，波士顿儿童博物馆对于周围大多数公众来说，并非高不可攀。此外，策展人也采取措施去改变博物馆在公众心中仅

图 2-12 家庭互动关系

属于高雅文化的印象。因此，波士顿儿童博物馆才得以与公众，乃至移民群体逐步建立沟通桥梁，并针对他们的情况制订具体的安排和计划，打破种族隔阂，大力促进社会进步。

儿童博物馆的目标是培养孩子们观察、对比、协作和解决问题的能力，激发他们的好奇心和创造力，以锻炼儿童掌握 21 世纪必需的素质和能力。近年来，波士顿儿童博物馆将关注点聚焦于家长。父母是孩子的第一位老师，博物馆希望家长能明白"寓教于乐"的重要性，并为他们提供机会，去观察孩子的学习状态，参与孩子的学习过程，从而与孩子建立更亲密、更良好的互动关系。家长应该真正地了解孩子，支持他们追求自己的梦想，启发他们自我学习、自我探索。在亲子互动中，发掘孩子未来的无限可能。

此外，波士顿儿童博物馆也在不断研究和开发新展品与新项目，设计新内容，以吸引各个年龄段观众。

如今，随着一系列的研究探索、活动和经历，波士顿儿童博物馆已成为校外学习模式的典范。虽然很难具体列出它为博物馆教育领域、社区和社会带来的影响，但毋庸置疑的是，它给人们留下了美好的、无尽的回忆，并已为世界博物馆教育工作添上了浓墨重彩的一笔。

4. 博物馆观众合作：新加坡国家文物局最佳实践

授课教师：阿斯玛·艾丽娅斯（新加坡），新加坡国家文物局教育推广与社区拓展司副司长

新加坡是一个年轻的多民族国家，其人口组成包括来自中国、马来西亚、印度等世界多个国家和地区的人民。其文化遗产主要分为两类：物质文化遗产和非物质文化遗产，物质文化遗产包括雕像、古建筑、历史遗迹、艺术品和文物，而非物质文化遗产包括传统仪式、民族艺术、故事、回忆、人文与历史事件。

新加坡国家文物局成立于 1993 年，是隶属于文化部的政府机构，旨在保护新加坡人民的历史文化，并促进新加坡与东南亚和世界其他地区的交流。与此同时，它还致力于加强公众对艺术、文化和遗产的了解，向政府就有关新加坡国家遗产的事宜提供建议，并保护新加坡人民的文化根源。新加坡国家文物局以"维护国家遗产"为使命，将"以历史为傲，做未来之鉴"作为其愿景。

在人们的大力支持下，新加坡国家文物局资助了众多文化遗产保护项目。它协助政府在新加坡组织成立包括国家美术馆在内的众多新博物馆，并通过博物馆圆桌会议（由 55 名公立和私人博物馆的代表组成）帮助博物馆建设。同时，新加坡文物局还参与了国民教育课程的设计，并通过组织研讨会和培训项目来提高博物馆工作人员的能力，真正实现资源共享，互融互通。

由于大多数博物馆缺乏对口的对接部门，通常由文物局在博物馆外开展教育项目。它与多个博物馆或文化遗产机构密切合作，制订活动方案，并与学校紧密联系，帮助博物馆提高知名度。

开展文化遗产教育是新加坡国家文物局吸引观众的主要方式之一。他们暂未对幼儿制订任何计划，但已经拥有一套为学龄儿童打造的完备教育计划，在作为学校教育补充的同时，也极力避免喧宾夺主的情况出现。

新加坡国家文物局致力于将博物馆和文化遗产地打造成真正的学习场所，充分利用其空间，打破博物馆的局限性并鼓励观众积极参与。例如，孩子可能会因为无法碰触馆内的展品而感到乏味，针对这一情况，新加坡文物局为他们提供了可触摸的复制品，并与儿童发展机构和老师们合作，围绕这些模型制订教案。新加坡国家文物局和儿童发展机构共同开发了"微缩乐器"等其他教学模型。它们从 10 所幼儿园汇集资源，为老师安排了为期两天的培训，并共同开展了合作项目。

合作项目采用"STW"策略，其三大要素包括观察、思考和提问，即在向孩子们介绍文化遗产后，询问他们看到什么、想到什么，以及想提出的任何疑问。"STW"策略的核心在于向孩子提问题。例如，老师给孩子们一分钟的时间观察器物，然后以抛砖引玉的形式开启课堂。这其中需要注意的是：问题的答案并没有对错。如对于特定的器物，老师应尝试问一些简单、直观的问题，如从它的颜色入手，而非它的功能。整个过程应为学生创造一个轻松自在的环境：学生先仔细观察器物，然后老师提出简单的问题并倾听学生的答案，最后老师再提出一些较为复杂的问题，比如器物的材质。提问的目的不限于学习知识、掌握技能，更重要的在于树立孩子的自信心，丰富孩子的词汇。

学校配备了写有器物信息的知识卡，老师们需要基于"STW"策略来向学生提问。采用"STW"策略的目的不是教学生知识，而是激发他们参观博物馆的兴趣。

这种教育项目有助于探索各种文化之间的相似性和差异性，也有助于发挥孩子走进博物馆的自主性和能动性。一方面，孩子在提前了解博物馆部分藏品的基础上进入博物馆参观不易感到陌生；另一方面，通过对博物馆藏品的接触，孩子们在参观时能更轻松自在，不会因严肃的氛围而紧张。与此同时，新加坡国家文物局还在这些课程中融入了博物馆礼仪，在参观之前介绍"观前知识"，便于孩子们更好地欣赏，这就是所谓的"观前学习"。

如今，新加坡国家文物局正将此项目扩展到其他博物馆（如国家博物馆和一些规模较小的博物馆）。他们负责制订具体策略，并围绕该策略制订教学方案。此外，语言学习也被纳入这些课程中，孩子们不仅能更全面地了解社会的多种文化和宗教，产生共鸣，还可以邀请父母和爷爷奶奶一同参与课程，共同分享他们的经历。

（五）藏品阅读

授课教师：克劳德·福贝尔（加拿大），博物馆顾问、国际博协培训中心协调人

藏品阅读课旨在引导学员通过观察博物馆藏品来获取信息。观察者只需要带着正确的问题投入到细致观察中去，就能发现藏品本身所蕴含的丰富内容，并能够将这些内容生动地展现出来。藏品阅读课作为培训班的特色课程之一，已经成功举办多次并且成果颇丰。

图 2-13　授课教师：克劳德·福贝尔

1. 藏品阅读理论

本次培训期间，克劳德先生对藏品阅读理论与方法进行了丰富和补充。

观察并描述藏品的五个基本方面：

（1）设计：它的结构是什么？形状、大小和重量又是什么？具有怎样的风格？它是否具有装饰点缀，又是怎样装饰的？是否具有代表意义？上面是否有文字？

（2）制作：它使用了何种制作工艺？制作是否精美？它的各个部分是如何组合在一起以实现其功能的？

（3）材料：它是由什么做成的？

（4）功能：它最初的用途是什么？长期以来的用途又是什么？它拥有哪些明显的使用痕迹？

（5）历史：它于何时何地、经何人之手制作？又是为谁而制作的？随着时间推移，其所有权、保存状况和功能是否发生了改变？它在哪里被发现的？它是如何被故宫博物院收藏的？

这五个方面是"藏品阅读"课程的基础和核心。此外，还需要从四个方面继续深入分析：

（1）识别：它是什么？是否要基于其功能、材料和主题对其进行识别？它是否为真品？即它的发现日期、出处、材料和制作等方面的信息是否匹配？如果它不是真品，为什么要刻意仿制？

（2）文化分析：它在何种时间被用于何种活动？如何实现其观赏价值？它的材料、构造、设计、标志和符号如何传达出地位、想法、价值观、感受和其意义？如何将这一藏品和其他器物一同呈现，以寻找新的信息？（例如，来自同一文化、地理区域、年代或出自同一个制作者的器物，在一定程度上共享相同的特征。）

（3）评估：评估其外表是否美观。这一过程要考虑到选材和质地是否合适、设计的技巧和品味、比例和平衡的搭配以及形式、风格和装饰的表现力。如果这件藏品处于一个与其本身不同的文化环境中或沿用至其他年代，这会对其形态、用途等方面带来怎样的影响？在进行评估时可以将此藏品与其他藏品相比较，并将尺寸、成本、年代和稀缺程度等因素考虑在内。

（4）解读：现在这件藏品的观众群体如何构成？他们如何从中受益？藏品的哪些方面可以与其观众的想法和价值观产生共鸣？如何体现藏品的重要性？

2. 藏品阅读实践

本次课程共使用藏品 7 件，包括故宫博物院院藏文物、故宫博物院宣教部自主制作的文物复制品教具以及私人收藏品，具体有：铜镀金戒盈持满、陈洪绶升庵簪花图轴、红色牡丹纹闪缎夹狗衣、太和殿脊兽、雍正款画珐琅冠架、益智穿线板和木质梳妆盒。藏品类型覆盖生活用品、建筑构件、文房书画及教育用具。每件藏品均由 1-2 名文物保管人员陪同管理并担任顾问，在观察藏品的过程中为学员提供信息咨询服务。

图 2-14 授课专家讲解课程要点及活动方式

图 2-15 文物保管人员解答学员疑问

图 2-16 博物馆教育人员辅助学员"阅读"藏品

　　课程分为教师授课、藏品阅读、学员展示三个环节。教师授课环节由克劳德先生分享相关理论。阅读环节要求学员自行选择一件藏品进行阅读，并据此分组。学员根据藏品阅读理论的指导，观察藏品以获得藏品的年代、设计、结构、材料、功能、工艺等方面的信息。初步观察完毕后，学员可与藏品顾问交流藏品相关信息，并获得关于藏品各方面疑惑的确切答案和相关历史背

图 2-17　学员分组"阅读"藏品

图 2-18　学员准备展示

图 2-19　小组展示"阅读"成果

景。展示环节则由各组学员自由编排，只要能充分展示通过阅读获得的信息即可。学员总能在这一环节展现出其丰富的创造力和出色的书画能力，并时常出现趣味横生的场景排演。

该课程的核心在于使学员自主探究文物自身承载的信息和故事。只要学员能够做到怀揣疑问并细致观察，文物本身就可以讲述故事。当然，获取信息的最终目的是要应用到实践中，比如在不同类型的展览中选择合适的藏品、展出形式和目标观众群体等。

藏品阅读是对学员观察能力、分析能力、阐释能力和创造力的锻炼，同时也是对学员团队合作、展示汇报能力的综合训练，广受学员好评。

（六）展示汇报技巧

授课教师：果美侠（中国），故宫博物院宣传教育部副主任、研究馆员
　　　　　克劳德·福贝尔（加拿大），博物馆顾问、国际博协培训中心协调人

展示汇报是博物馆工作人员应具有的基本能力。好的展示汇报，能够充分传达汇报人的观点，展示汇报人的风采，促进项目推进与合作进行。但是人们提起展示汇报，往往认为好的展示汇报就是制作了好的汇报展演 PPT，而忽略汇报主题和汇报方式。殊不知，PPT 只是工具，汇报内容和汇报人的表达方式才是衡量一次展示成功与否的重要标准。

在课程理论学习环节，专家为学员们梳理了展示汇报之前定位思考、时间规划、展示内容和展示结构等方面的注意点。明确这些方面对于规划一个好的展示汇报来说的重要性。

在开始准备展示汇报之前，汇报人应确定目标观众群体，从而使用正确的语言。在注意时间限制的同时，展示汇报也可以适当运用视觉工具辅助，

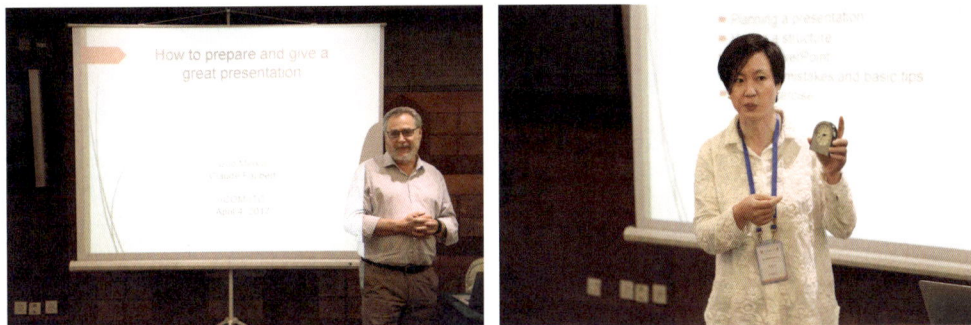

图 2-20　授课专家讲解展示汇报技巧

例如 PPT、图表、视频等，并应确保这些工具能够起到相应的作用。

好的展示汇报需要提前规划，规划可按照以下七个步骤进行：

（1）准备。首先明确进行展示汇报的原因与目的，以及希望观众能了解到的知识，确保他们记住汇报人希望他们记住的内容。此外，还要保证汇报材料符合目标观众的水平层次，避免使用过于抽象的概念及专业术语。

（2）明确要点。汇报人应了解汇报的要点是什么，并确保其以一种连贯而有逻辑的方式被展示出来。内容要点的选取应充分考虑观众的需求及期望。

（3）选择辅助信息。需要注意的是，辅助信息不等同于整个展示汇报，而只是用来帮助观众了解要点的工具。汇报人可以利用数据表、具体事例、对方法及过程的解释（例如个人经历）、调查数据、统计资料等等作为辅助信息。此外，也可以运用图表、照片或视频，但需要注意视频的时长。

（4）开场。一个强有力的开场，将能在展示汇报开端即抓住观众的注意力。否则，便很难再吸引观众关注汇报人的具体汇报内容。开场时，汇报人应进行自我介绍，解释汇报主题、主要内容、汇报方式，并在 PPT 第二页列出汇报要点。

（5）关联要点。汇报人可以讲述一个有趣的故事，并通过连接不同陈述段落的方式来体现汇报流程，从而清楚地说明主要观点是如何关联在一起的。

（6）总结。汇报的结论是将信息传达给观众的最后机会，因此其在展示汇报中非常重要。汇报人可以将结论展示在最后一张 PPT 上，或不断地重复结论，以此确保对要点进行了总结。

（7）预先演练与复习。在展示汇报之前，汇报人应确保其对汇报内容及结构进行了有效的演练与复习。预先演练可以帮助汇报人掌握汇报时间，合理安排汇报语言。这样才能保证展示汇报具有合理的逻辑结构，适合观众的理解程度，汇报时间既不过长也不过短，充分表达汇报人的观点，达到汇报人的汇报目标。

那么如何构建展示汇报的结构呢？展示汇报开始阶段，汇报人应告诉观众他们即将了解到什么，随后突出重点论据或汇报内容。时间是有限的，所以汇报人应列出主要标题以及所有会用到的关键语句，通过不断重复的方式简洁地总结要

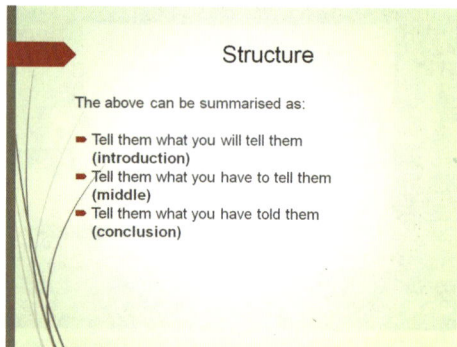

图 2-21　展示汇报结构

图 2-22　学员随堂学以致用，对小物件进行展示

点。因为这样可以给出结论，使每个听众都能理解他们所听到的内容。因此，一个好的展示汇报至少需要三部分内容：开头的自我介绍和内容简介、中段的详细内容以及最终的内容总结和致谢。这采用的是"总－分－总"的结构。此外，还可以使用"总－分"结构或"分－总"结构，赋予展示汇报更多灵活变化。比如，"分－总"结构就可以考虑有意思的开头引入：优先交代

图 2-23　学员分组准备展示汇报内容

图 2-24　学员展示汇报讨论结果

数据、讲一个有趣的故事，引起观众的兴趣后再逐个剖开，一一解题，最终进行总结。只要一个展示汇报有清晰的思路和明确的观点，容易引人入胜，就是一个成功的展示汇报，也能为汇报人带来令人惊喜的收获。此外，授课教师还为学员提供了 PPT 制作建议，以便学员把握 PPT 制作技巧，轻松拥有一份结构清晰、要点明确的 PPT 辅助完成展示汇报。

　　理论学习环节后是展示实践环节。学员围绕"人工智能导览是否可以取代人员导览在博物馆中的作用"这一问题进行讨论，并分组策划展示内容。学员需要在 5 张 PPT 内完成观点展示，每张 PPT 不得超过 5 行字，每行字不得超过 5 个单词。展示汇报时间每组仅 5 分钟，展示完成后由其他组别的学员进行提问，展示组学员答辩。所有环节完成后，专家作点评。展示实践是充分调动学员积极性、主动性，激发学员创造性的环节，学员们或写或画，以白板纸模拟 PPT 背景，迅速完成了 PPT 制作，并做成果展示汇报。专家点评则给了每组学员针对性的指导，学员们受益颇丰。

（七）博物馆教育主题实践

除课堂讲授外，本期培训班还结合教育主题精心设计了参观环节和教育

图 2-25　学员在博物馆参观交流

图 2-26　学员在博物馆体验特色教育项目

图2-27　学员在青年湖小学体验特色课程

项目体验，组织学员分赴首都博物馆、中国妇女儿童博物馆和北京市青年湖小学开展课程。在这些机构中，学员并不是像访客一样进行简单的参观，而是兼具观众和教育人员的双重身份，对各机构精心设计和展示的教育项目进行观察、学习和深度体验。各机构教育负责人还与学员就教育项目本身、教育课程的开发与设计、博物馆教育工作及馆校合作等问题进行了深度交流。

青年湖小学是本次合作中唯一一家非博物馆机构，其以书法为特色的教育项目十分引人注目。在如今文化教育馆校共进的大环境下，如何整合馆校资源、互助互促，是一个非常值得探讨的话题。学员在各机构不仅了解了其教育工作情况，更亲身体验了部分成熟品牌项目，与各机构相关负责人就教育理念和实践中的具体问题进行了分享和深入交流。

三、培训特色

互动、协作、实践作为培训班始终关注和强调的培训方式，深刻体现在培训班丰富多样的课程形式中。本期培训仍以课堂讲授为基础，穿插分组讨论、个人展示和实践探索等环节。2016年培训中心新设计的分题研讨会和专家面对面环节在本期培训中依然得到延续，博物馆参观、藏品阅读、主题

图 2-28　"专家面对面"环节中专家为学员答疑

工作坊等特色课程也延续下来并有了新的发展和提升，同时加入展示汇报技巧这一新的技能培训课程。在围绕主题进行教育理论与实践经验培训的同时，加强锻炼学员综合技能。

　　讲座是培训班的基本授课模式。授课教师均为来自国际博协和世界各大博物馆的资深专家。他们凭借扎实的专业功底和丰富的实践经验，与学员们分享世界博物馆教育领域最为前沿的理论知识和各类实践案例。课程内容非常丰富，包含了博物馆教育的相关理论及其所面临的挑战与对策，教育项目设计的技巧和策略，还有充满乐趣、实操极强的主题工作坊。在课堂讲授中，还穿插了学员的分组讨论与合作，既让学员迅速将学习到的理论转化为实践，更极大地锻炼了大家的团队精神和协作能力。

　　"分题研讨会"和"专家面对面"这两部分环节经过 2016 年秋季班的操作后，本期课程形式和执行模式均更为成熟。专家和学员们得到了更多面对面交流的机会。学员不仅可以根据各自的兴趣选择不同主题的小组共同学习、实践交流，在本期的"专家面对面"环节，学员更可以结合自身工作中的疑问，畅谈自己在本次学习中的体会，并进行针对性的业务咨询。

　　本期的"藏品阅读"和博物馆参观实践环节再度受到学员的高度评价。两个环节均紧扣教育主题："藏品阅读"课程中使用的藏品，不再限于故宫

图 2-29　学员参观故宫

图 2-30　学员参观故宫时体验故宫教育活动

博物院藏珍贵文物，还选用了宣教部制作的文物复制品；"博物馆参观实践"环节不仅在参观中加入教育项目体验，还在这一环节中突破"博物馆"的概念，把北京市内拥有突出特色的传统文化教育项目的学校纳入实践参观的范围之内，鼓励学员打开思路，将博物馆教育与学校教育整合起来。

展示汇报技巧这一培训环节是本期培训班的一个新尝试，中外专家合作以导入式的方法带领学员了解展示汇报的要点。课程中，专家强调展示汇报不仅仅是一个 PPT 的制作和播放，以讲故事的方法、结构清晰地向观众展示演讲的主题内容才是其中真谛。通过这个环节，学员们不仅实践了本期主题培训的相关理论知识，更锻炼了汇报演讲的综合能力。

本期培训班将博物馆"教育"所注重的体验、互动元素充分融入各个环

图 2-31　培训班结业仪式

图 2-32　学员代表在结业仪式上发言

图 2-33　学员获颁证书

节中，充分调动了学员的主动性和积极性。培训也不单以分享前沿的教育理念与实践经验为核心，更强调培养和锻炼学员将理论与实践相结合的能力，感悟"知行合一"的理念精髓。

四、附录

（一）藏品阅读课程资料

1. 藏品清单

序号	藏品信息	序号	藏品信息
1	铜镀金戒盈持满	2	陈洪绶升庵簪花图轴
3	红色牡丹纹闪缎夹狗衣	4	太和殿脊兽

5	雍正款画珐琅冠架 	6	益智穿线板
7	木质梳妆盒 		

2. 藏品背景知识

（1）铜镀金戒盈持满

铜镀金戒盈持满，光绪年间清宫造办处制作，器高 15 厘米，直径 11.7 厘米，架子高 45.7 厘米，宽 18.5 厘米，属清宫旧藏。此器铜质镀金，其正面横梁錾刻"光绪御制"四字篆书，因框架两边铸有乳钉形轴碗，与框架内侧的针状轴衔接，使中间的杯状容器可在支架上自由转动——若往杯中注水，水至一半时，容器则垂直而立；水注满时，则容器翻倒，水泼洒出。因其易倾覆，又名曰"欹器"，是历代皇室和王公大臣的宫殿府第及宗庙里常设的一种器物。

框架下部设有一横梁，其下镶嵌条环板，板两面均有阳刻铭文，内容记载孔子观周朝欹器时与守庙者的对话。一面铭文曰："孔子观于周庙，有欹器焉。孔子问守庙者曰：此为何器？对曰：盖为右座之器。孔子曰：吾闻右座之器，满则覆，虚则欹，中则正，有之乎？对曰：然。孔子使子路取水而试之，满则覆，中则正，虚则欹。孔子喟然叹曰：呜呼，恶有满而不覆者哉！"另面刻："子路曰：敢问持满有道乎？孔子曰：高而能下，满而能虚，富而能俭，贵而能卑，智而能愚，勇而能怯，辩而能纳，博而能浅，明而能暗，是谓损而不极，能行此道，惟至德者及之。"孔子对子路所言之义就是人们常说的"满招损"，即自满则容易覆败的道理。

此器为内务府清宫造办处在光绪二十一年所制，是清末光绪、宣统年间帝王寝宫中的日常摆设，大致是为年轻的皇帝置于几案自警，以时刻勿忘持满纳谏之义。

（2）陈洪绶升庵簪花图轴

《升庵簪花图》轴，明，陈洪绶绘，绢本，设色，纵 143.5 厘米，横 61.5 厘米。

明代著名文学家杨慎（1488-1559 年），号升庵，明三才子之首，东阁大学士杨廷和之子。二十四岁时，殿试第一，考中状元，授翰林院修撰，从此正式登上明朝政治舞台。他为人正直，不畏权势。明武宗朱厚照不理朝政，喜欢到处游玩，杨慎犯颜直谏，却不为武宗理睬。

明世宗朱厚熜以"兄终弟及"的方式登上皇帝宝座后，按照皇统继承规则，他要承认孝宗是"皇考"，享祀太庙，而他的生父只能称"本生父"或"皇叔父"。然而他即位后第六天，就下诏令群臣议定他自己的生父兴献王为"皇考"，按皇帝的尊号和祀礼对待，后又正式下诏改称生父为恭穆皇帝。世宗的做法致使皇统、礼法均陷入尴尬，以杨廷和（杨慎父亲）、杨慎等人为代表的大臣坚决反对，数次上书，杨廷和更是辞官而去。嘉靖三年（1524 年），杨慎约集同年进士检讨王元正等二百多人于金水桥、左顺门一带列宫大哭，世宗大怒，杖责众人。杨慎遭两度廷杖，九死一生，后充军云南。

杨慎流放云南时并未因环境恶劣而消极颓废，仍然奋发有为。为讥讽时政，他还曾酒后以白粉涂面，髻上插花，与学生和妓女游行于市中。此画即为明末清初著名书画家陈洪绶据此而绘。

陈洪绶明万历二十六年（1598 年）生，祖上为官宦世家，科举又数度落榜，虽于崇祯时奉召为内廷供奉，但明亡后遁入空门，后还俗，以卖画为生。他一生以画见长，尤工人物画。图中人物造型夸张，神态生动，线描圆劲流畅，背景中老树枯槎虬枝，更衬托出主人公桀骜不羁的个性，显示了陈洪绶人物画成熟时期的典型面貌。

（3）红色牡丹纹闪缎夹狗衣

这件狗衣上印有"大利"二字，相信是光绪年间一只猎狗的名字。清代妃嫔以养狗为乐，她们会为爱犬量身定制合适的衣衫，并把狗的名字印在衫上。满人喜欢和狗一起相处，除了一般饲养外，狗也能对军队作战起一定作用。满人入关后建立清朝，在清宫也十分重视养狗，在宫廷内更设有养狗处，专门管理养狗事务，狗的数量多达数百只。

在宫廷内的狗比许多宫外的百姓生活得更好。这些狗睡在以丝绸所制的垫上，居所的地板以大理石拼成，还有专门负责养狗的太监照料它们。史书记载雍正帝也很喜欢养狗，当中最著名的两只狗叫作"造化狗"和"百福狗"。雍正帝曾命人为它们设计订造合适的狗衣，遇到不满意的地方也特意命人修改。清末慈禧太后亦十分爱狗，她最宠爱的是一只叫"海龙"的京巴狗。此外，紫禁城的后花园里还养有数百上千只狗。慈禧太后命令太监要好好照顾这些狗。它们的起居饮食皆极为奢华，若有照顾不周的地方，太监们则会受慈禧太后的责备。

可以想象，在清宫里生活的狗都有很好的待遇。这件红色牡丹纹闪缎夹狗衣以中国人眼中的花王牡丹为图案，更使用了高品质的物料，可见是一件为狗精心制作的衣服，而且它还是量身定制款，可将狗的全身，包括尾巴和鼻子都包裹起来，可见设计精巧，也足见宫廷狗的生活有多么讲究而奢华。

（4）太和殿脊兽

脊兽，也称"走兽""仙人走兽"，是安放于宫殿建筑庑殿顶的垂脊或歇山顶的戗脊上前端的蹲兽，分仙人和走兽两部分，其数量随宫殿的等级增减以彰显主人的身份和社会地位。每一个脊兽都有自己的名字和美好寓意。

清朝规定，骑凤仙人之后的蹲脊兽的数量为奇数，九为最高。如中和殿、保和殿、乾清宫，都是排列九个走兽。但为了凸显太和殿是故宫内等级最高的建筑，又增加了一个行什，这在中国宫殿建筑史上是独一无二的。

骑凤仙人：被放置于所有脊兽的最前面。关于仙人的身份说法不一，其中一种说法是，公元前284年，齐国攻打到燕国，燕国大将乐毅用滚木礌石的战术反击，打败了齐国的进攻。齐国国君齐缗王大败，来到一条大河岸边，走投无路，后边追兵就要到了，危急之中，一只大鸟突然飞到眼前，他急忙骑上大鸟，渡过大河，逢凶化吉。后人便将骑凤仙人放于建筑脊端，表示可以骑凤飞行，逢凶化吉。

龙：传说中的神奇动物，能兴云作雨，是吉祥兽。

凤：即凤凰，传说中的鸟王，是吉瑞的象征。

狮：传说狮是兽中之王，是威武的象征。

海马：名"落龙子"，造型近似天马，但无翅膀，而饰以火焰。海马象征着皇家威德可达海底。

天马：神马，有翅膀可在天上飞行，用天马象征皇家的威德可通天庭。

押鱼：传说中的海中异兽，身披鱼鳞，有鱼尾，可兴云作雨、灭火防灾。

狻猊：传说中能食虎豹的一种猛兽，形象类狮，有威武百兽率从之意。

獬豸：传说中的独角猛兽，明辨是非曲直，古时以其作为皇帝"正大光明""清平公正"的象征。

斗牛：传说中的一种龙，造型是牛头兽态，身披龙鳞，遇阴雨作云雾，也是除祸灭灾的吉祥物。

行什：传说中一种带翅膀、猴面孔的神，挺胸凸肚，手执金刚杵，似在履行监押的任务。

（5）雍正款画珐琅冠架

冠架是一种摆在桌案上置放冠帽的支架，是贵族化的生活用品，珐琅、玉、瓷、漆、竹、木等材质皆有制作。宫廷御用的冠架大约始创于清雍正时期，乾隆年间的作品传世较多。

这件雍正款画珐琅冠架，是御用冠架的早期代表作之一，口径 37.2 厘米，制作于清雍正时期。冠架采用天球式，中为独柱，下连圆座，底座木质。独柱上端仰碗式承天球，天球水银色光可照人，独柱为瓶、尊、碗相连形，上有黑、黄、绿等各色环节，表面绘彩色缠枝花卉纹、花卉蝴蝶纹，底足绘黄地彩色缠枝莲纹。柱中尊腹部有白釉蓝双圆圈仿宋体"雍正年制"双行款。

天球式冠架主要流行于雍正时期，一般置于寝殿使用。其不同于其他冠架的特殊之处就在于顶部的天球。天球表面涂有水银，成为球面镜。这当然不是仅仅追求普通的镜面装饰效果，球面镜还被认为是中国传统文化中的轩辕镜。所谓轩辕镜，就是中国古代驱鬼辟邪的吉祥之物。一般为球形的镜子，可以悬挂在室内，常见于卧榻前。

雍正皇帝偏好祥瑞。根据档案记载，雍正时结合轩辕镜制作过的冠架少说也有十几件，其中画珐琅托轩辕镜冠架就至少有十件。这件冠架即是铜胎画珐琅制品，非常精美。金属胎珐琅器是金属（主要是铜）造型工艺与珐琅工艺的复合制品。它绚丽、浑厚的特色，金碧辉煌的富贵气派，非常符合封建统治者的审美需求。这种工艺在元代从西亚阿拉伯半岛传入我国之后，即深受帝王的垂青和赏识，成为封建社会权贵们的追求之物。康熙时期，宫廷造办处即掌握了这种工艺。雍正时期，在皇帝的授意下，金属胎画珐琅工艺结合中国传统的具有辟邪功能的"轩辕镜"，将中西方的不同文化要素有机融合。其图案式的装饰纹样，以康熙朝奠定的黄釉地上点缀本朝典型的黑釉，既彰显皇家的华丽庄严，也是雍正一朝铜胎画珐琅冠架的鲜明特色。

（6）益智穿线板

清代的紫禁城，皇太后们为了让年幼的皇帝和皇子们享受到童年的欢乐，采买、制作了大量玩具。而按照宫内旧俗，皇帝长大后须将其所玩的玩具烧掉，而不能传到下一代皇帝手中。但是到清晚期，同治、光绪、宣统连续三代皇帝都是幼年登基、青年夭折或面临战乱、改朝换代。于是在这样特殊的环境下，他们幼年时的玩具得以保存。

目前故宫博物院里收藏了大量清代皇帝的玩具，玩具种类庞杂，既有中国传统玩具，也有很多购买自西方的玩具，功能来说既有纯玩耍、摆设的玩具，也有竞技类的玩具，还有一部分是益智玩具。

益智穿线板就属于清宫里的益智玩具。原文物为上海商务印书馆制造的教育玩具，在不同形状的薄木板上设圆孔，用两头穿有铁针的彩色线在圆孔上穿插，可以随心所欲地组合成多种几何图形，诸如三角形、方形、圆形、菱形、多边形等，可用来锻炼儿童的形象思维能力。

上海商务印书馆成立于 1897 年，是中国历史最悠久的现代出版机构，与北京大学同时被誉为中国近代文化的双子星。它成立之初就以编印新式中小学教科书为主要业务，1903 年编印的《最新国文教科书》当时风靡全国。除了教科书，商务印书馆也出版各种中外文工具书、刊物和学术著作，并根据教育需求制作教育玩具。设计制作这些穿线板的目的就是让使用者边学边玩，融娱乐与学习于一体。

本次使用的穿线板为宣教部为教育项目开发原样仿制的，同时配备两色彩线，高度还原了皇帝玩具的真实样貌。

（7）木质梳妆盒

梳妆盒是古代深锁闺房的女子用于涂抹脂粉及照镜梳妆的小型妆具，盒内往往存放胭粉、头饰、珠宝等物。梳妆盒的历史演变经过了一个极其漫长的过程。从汉代轪侯利苍夫人辛追所使用的圆形漆盒，到后来宋代镜架的流行，再到明代的镜台，女性梳妆用具虽然不断丰富起来，但多为一物一用。

直到清代，集梳妆、储藏、照镜等多种功能于一体的梳妆用具才出现。盒、镜架和镜台被巧妙地设计成一个整体，多功能梳妆盒逐渐流行。这一发展变化的过程既是梳妆用家具的式样及功能演变的历史，也是梳妆盒出现并发展完善的历史，同时也是人们生活习惯及文化改变的过程。

清代以后的梳妆盒制作工艺和结构都是较为繁琐的，属于制作过程中需要集合不同工种及不同行当来共同完成的家具。完成一件不大的梳妆盒，木工的制作、漆工的漆饰、铜件作坊中师傅的铜皮镂刻都非常重要，而且也需要大家的共同配合和努力。中国南方地区精巧的梳妆盒更为流行，制作工艺较为繁盛，精美制品也较多。

这件木质梳妆盒来自一位私人藏家的收藏。器体高 23 厘米，长 32.5 厘米，宽 27.5 厘米。箱体以金丝楠木制作，构件均以精巧的榫卯结构联结。器物原髹红漆，现器表红漆已被打磨。柜体一分为二，上半部盒体分三层，盒体下方安有方形台座。盒盖可翻起，盖内折叠有镜子。盒体第一层亦内含玻璃镜一面，第二、三层为抽屉，第二层抽屉内含套格一个。盒表面嵌包有如意云纹形铜合页、如意形铜拍子及铜拉手、铜饰片等。这些铜质构件既具有实用性，也具有很强的装饰性。

值得注意的是，盒盖内有"乾昌福造，假货包换"两行八字款。这是晚清、民国时期南方地区，尤其是福建一带小型家具的著名品牌防伪标识。从目前的传世物品来看，梳妆盒、挂镜、珠宝箱、文匣和漆盒等都是其代表性产品。

（二）培训班通知

1. 国内通知

国际博物馆协会国际博物馆培训中心（ICOM-ITC）由故宫博物院与国际博协、国际博协中国国家委员会（中国博物馆协会）于 2013 年 7 月合作建立，地点设在故宫博物院，为国际博协唯一博物馆专业培训机构。ICOM-ITC 旨在依托国际博协优秀的专家资源，结合世界不同地区博物馆建设的理论与实践，向世界各地尤其是发展中国家博物馆从业人员，提供高质量的培训课程，推动博物馆领域的国际交流与合作。

ICOM-ITC 每年举办春、秋两季培训班，现已成功举办七期常规培训班和一期非洲特别培训班，涵盖博物馆管理、收藏、教育、展览等多方面内容。截至目前，共有来自五大洲 56 个国家和国内 20 个省份 249 名学员参与培训，包括 136 名国际学员和 113 名中国学员。培训期间，专家与学员充分沟通、相互借鉴，共同探讨博物馆当前热点问题及未来发展方向，培训效果良好。

ICOM-ITC 定于 2017 年 4 月举办第八期常规培训班，即 2017 年春季培训班。培训班最多招收学员 35 名，其中一半为中国学员。现就中国学员报名有关事宜通知如下：

一、时间和地点

时间：2017 年 4 月 2 日至 11 日（2 日报到，12 日离会）

地点：故宫博物院

二、培训主题与教学

1. 主题：我们的博物馆：丰富全龄段观众体验（My Museum, Your Museum: Developing Meaningful Experience for Visitors of All Ages）

2. 教学：培训班将邀请国内外博物馆界知名专家授课，通过专题讲座、分题研讨、案例展示、互动交流、教学实践、藏品阅读、业务考察和总结评估等环节实现（详细日程安排将于报名确认后另行通知）。培训教学的工作语言为英语。

三、报名须知

1. 报名条件

（1）为国际博协个人会员或所在单位为国际博协团体会员（会员申请方式请参阅 www.chinamuseum.org.cn 首页—协会公告—关于缴纳国际博协 2017 年会费的通知。详询中国博协秘书处，电话：010-64031809）；

（2）为博物馆在职人员并担任博物馆中层及以上管理职务；

（3）具备较为熟练的英语交流与表达能力；

（4）年龄在 45 周岁以下（年龄计算截止到 2017 年 6 月 30 日）。

参加培训学员须能够完成培训前及培训期间的作业和阅读任务，并参与课后总结评估。

2. 报名材料

（1）报名登记表（附件一）；

（2）中英文简历（附件二、附件三）；

（3）个人陈述，500 字以内，陈述参加本期培训班的理由，以及该培训对当前工作和未来职业发展有何帮助；

（4）馆方推荐信（附件四）。

以上报名材料缺一不可，须全部备齐后存放于单独文件夹中，并以压缩包形式发送。邮件主题及文件夹命名规则为"ICOM-ITC2017 春报名—机构名—姓名"，文件命名规则为"姓名—登记表／中文简历／英文简历／个人陈述／推荐信"。

3. 报名方式及截止日期

请有意者于 2017 年 2 月 10 日前将上述报名材料发送至培训中心官方邮箱：icomitc@163.com。

四、学员遴选

1. 遴选标准：原则上，每馆仅招收一名学员。培训中心将综合考虑报名先后顺序，从专业相关性、博物馆地域分布、博物馆多样性和英语水平等方面遴选学员。

2. 遴选流程：

（1）简历筛选：培训中心根据报名材料初选学员。报名截止后一周内，培训中心将邮件通知筛选结果。

（2）英文面试：主要考察报名人员英语水平及对本期主题的理解和认识。

北京人员现场面试，外地人员网络面试。面试后一周内，培训中心将邮件通知面试结果。

五、培训费用

培训班不收取培训费，学员往返交通费由所在单位承担，培训期间食宿费由 ICOM-ITC 承担。

六、联系方式

报名或咨询，请联系故宫博物院：

李颖翀

电话：010-85007942

邮箱：icomitc@163.com

传真：010-65237344

Ｑ Ｑ：2059356869

附件 1：

国际博协培训中心 2017 年春季培训班报名登记表

姓　　名		性　　别	
出生日期		民　　族	
单　　位		部　　门	
职　　务		职　　称	
固　　话		手　　机	
Email		是否为 ICOM 会员	
身份证号			
联系地址、邮编			
教育背景			
学术简历	（可附页）		
备注			

附件 2 ：

个人简历

基本信息

姓名 ：

性别 ：

出生年月 ：

民族 ：

工作单位 ：

职务 ：

联系电话 ：

通讯地址 ：

邮箱 ：

教育背景

> （包括起止时间、就读学校、所学专业及所获学位等）

工作经历

> （包括工作起止时间、工作单位及部门、担任职务、工作职责及工作成果等）

培训经历

（包括培训起止时间、培训机构、培训主题等）

获奖情况

（包括获奖时间、奖励名称、颁奖单位等）

学术成果

（包括已发表论文及著作、参加或主持过的科研项目等）

英语水平

（如 CET、TEM、雅思、托福等英语水平考试情况，英语培训经历，海外学习经历等）

附件 3：

Curriculum Vitae

Personal Information

Name:

Gender:

Date of birth:

Ethnic group:

Institution:

Department:

Position:

Telephone:

Address:

Email:

Education

(start and end dates, school, major, degree awarded, etc.)

Employment History

(start and end dates, institution, department, position, responsibilities, key achievements, etc.)

Training

(start and end dates, training institution, training content, etc.)

Awards and Honors

(date of the award/honor, name of the award/honor, name of the awarding institution, etc.)

Academic Achievements

(publications, research projects and your role in the projects, etc.)

English Proficiency

(eg.: your performance in English proficiency tests, like CET, TEM, TOEFL and IELTS, and your English training experience, oversea education experience, etc.)

附件 4：

国际博协培训中心 2017 年春季培训班
馆方推荐信

1．申请人姓名：　　　　　　　　单位：

　　推荐人姓名：　　　　　　　　职衔：

2．请您从工作态度、工作能力、工作成绩、专业知识和技能、沟通能力、团队协作能力等方面对申请人进行评价：

3．据您了解，申请人提交的报名材料是否真实可信？

　　□ 是　　　　　□ 否

4．您是否推荐申请人参加本期培训班？

　　□ 是　　　　　□ 否

推荐人签名：＿＿＿＿＿＿＿＿　　　　　　　日期：＿＿＿＿＿＿＿＿

（单位公章）

说明：请加盖公章后提交扫描件。

2. 国际博协通知

位于中国北京故宫博物院的国际博协培训中心将于 2017 年 4 月 2 日至 11 日在北京举办新一期培训班。本期培训班的主题为"我们的博物馆：丰富全龄段观众体验"。

国际博协、中国博协和故宫博物院将为学员提供两种奖学金：

全额奖学金包括学员往返经济舱机票和培训期间的当地食宿。国际博协会员体系规定的第二、三、四类国家的学员可优先获得该奖学金。

部分奖学金包括培训班期间的当地食宿。国际博协会员体系规定的第一类国家的学员有机会获得该奖学金。

国际博协或故宫博物院将为获得全额奖学金的学员预订机票。获得部分奖学金的学员需自行预订机票。签证费、保险及其他上述未提及的费用由学员自行承担。此次培训不收取报名费。

申请条件：

（1）已连续两年缴纳国际博协会费（包含申请当年）或已缴纳申请当年会费；

（2）英语写作和口语表达流畅；

（3）在正规博物馆或公共机构担任中层管理职务；

（4）年龄在 45 周岁及以下（截至申请当年 12 月 31 日）。

申请者需承诺：

（1）完成培训前任务，包括阅读和作业；

（2）在培训班结束时和培训班结束数周或数月后参与培训班评估。

学员遴选将综合考虑学员性别比例及所在博物馆类型和规模。

为保证培训效果，培训班将人数控制在 35 人以内，其中约一半来自中国以外国家，并将优先考虑新兴国家或亚太地区申请者。

申请者需提交以下英文材料：

（1）申请人简历，包含培训经历、工作经历、出版物和当前工作职责（最多一页纸）；

    （2）填写完整的申请表格（见附件）；

    （3）自荐信；

    （4）推荐信，由申请人所在机构负责人出具。

申请截止日期：2017 年 2 月 18 日（星期六）

附件：

国际博协培训中心 2017 年 4 月培训班申请表

请填写这张表单并提交，表单将自动保存到国际博协总秘书处。

截止日期：2017 年 2 月 18 日，星期六（法国时区）

* 为必填项

个人信息

姓 *

请填写您的姓，应与护照一致

_____

名 *

请填写您的名，应与护照一致

_____

出生日期 *

年年年年 – 月月 – 日日

_____

国籍 *

请填写您的国籍

_____

母语 *

请填写您的母语

_____

其他语言

_____

护照号码 *

仅供预定航班使用

_____

性别 *

_____

职业信息

机构 *

您目前所在的机构（博物馆、大学、政府部门等）

_____

您在所处机构的职位 *

_____

国际博协会员编号 *

请标注为个人编号或机构编号

_____

国际博协会员注册时间 *

年年年年 – 月月 – 日日

_____

参加培训班的原因 *

请说明本期培训班与您职业发展规划的契合点及其可能对您履行目前工作职责的助益（300–500 字）

_____

联系方式

工作地址 *

请填写您所在机构的完整邮寄地址（街道、邮政编码、城市）

_____

国家 *

_____

电子邮箱 *

请填写您的工作或私人邮箱

_____

电话号码 *

请填写您的电话号码（座机或手机）及国家代码

_____

（三）教师简介

单霁翔（中国）

故宫博物院院长、研究馆员、高级建筑师、注册城市规划师

2012 年 1 月，任故宫博物院院长。为第十届、第十一届、第十二届全国政协委员，中国文物学会会长。

毕业于清华大学建筑学院城市规划与设计专业，师从两院院士吴良镛教授，获工学博士学位。被聘为北京大学、清华大学等高等院校兼职教授、博士生导师。2005 年 3 月，获美国规划协会"规划事业杰出人物奖"。2014 年 9 月，获国际文物修护学会"福布斯奖"。出版《文化遗产·思行文丛》等十余部专著，并发表百余篇学术论文。

关强（中国）

国家文物局党组成员、副局长

1985 年北京大学考古系本科毕业，1988 年吉林大学考古系硕士毕业。1988 年 7 月进入故宫博物院陈列部工作。工作期间，曾在北京语言学院出国部参加英语学习，并赴埃及开罗大学考古学院学习深造。1993 年至 1996 年，借调至国家文物局文物二处工作。

1997 年调至国家文物局，历任文物保护司考古管理处副处长、处长、副司长，办公室副主任等。2009 年 4 月出任国家文物局文物保护与考古（世界文化遗产司）司长。2015 年 12 月起任国家文物局党组成员、副局长，分管博物馆与社会文物司（科技司）、北京鲁迅博物馆（北京新文化运动纪念馆）、文物出版社、中国文物交流中心等。

长期从事博物馆及文化遗产保护管理工作，曾发表《"河套地区"新石

器时代遗存的研究》《街区保护是一种理念上的突破》等学术文章。

果美侠（中国）

　　故宫博物院宣传教育部副主任、研究馆员

　　毕业于首都师范大学历史学专业，获得硕士学位，目前博士在读。2003 年进入故宫博物院宣传教育部工作至今。2014 年参加美国盖蒂领导力培训，并以相应理论指导工作实践。

　　主要从事博物馆展览宣传、教育策划、博物馆志愿者管理和国际博协培训中心博物馆专业培训工作。有丰富的博物馆教育策划与执行经验，与团队共同开发的教育活动受到各年龄层观众的欢迎，将故宫教育工作带入全新局面。

　　主要研究方向为博物馆教育和中国古代文化史，先后发表了大都会博物馆教育、馆校合作、儿童教育、教育策划、志愿者管理等博物馆教育管理与实践文章；编撰出版多个博物馆教育读本；文化史方面发表陶瓷纹饰考证、中国宫廷传教士服饰、清宫西洋画家选派等研究文章。

克劳德·福贝尔（Claude Faubert，加拿大）

　　博物馆顾问、国际博协培训中心协调人

　　2001 年至 2011 年，担任加拿大最大、综合性最强的科技博物馆——加拿大科技博物馆馆长。2011 年至 2015 年，担任该馆收藏与研究副主席。

　　2007 年至 2013 年，担任国际博协执委。

　　2013 年起，担任国际博协培训中心项目协调人。

　　现为博物馆顾问，提供科技博物馆、文化遗产及博物馆培训方面的专业咨询，同时担任英联邦博物馆协会董事会成员和国际博协科技馆专业委员会投票委员。

阿斯玛·艾丽娅斯（Asmah Alias，新加坡）

新加坡国家文物局教育推广与社区馆外拓展司副司长

拥有传播学与营销学专业背景。毕业后即进入新加坡国家博物馆从事文博工作。初期负责博物馆项目推广，后期负责场馆场地管理租赁和产品开发的业务策略制定等工作。

2013 年进入新加坡国家文物局，目前就职于教育推广与社区馆外拓展司。与新加坡教育部、新加坡幼儿培育署等机构合作，制定在新加坡当地学校中推广文化遗产教育的战略政策，并主管教育团队，负责策划和开发教育项目，激发与保持青少年对文化遗产的兴趣。主管国家文物局遗产补助金团队，管理补助金规划，为致力于开发和实施文化遗产项目、维护和促进新加坡人民对文化遗产认知和欣赏的相关个人和非营利组织提供资金支持。

莱斯莉·斯沃茨（Leslie Swartz，美国）

波士顿儿童博物馆研究与项目策划部副主任

先后获欧柏林学院学士学位、密歇根大学东亚研究硕士学位。

现任波士顿儿童博物馆研究与项目策划部副主任，主管该馆长期规划与筹资策略的研究与评估。曾担任社区馆外拓展活动部和职业发展课程部负责人，并主持策划和执行多个展览及教育项目，包括"杭州少年——中美互联"巡回展、一款探索亚洲文化的手机游戏 App：非凡博客联盟的联合开发等。

负责哈佛东亚项目。该项目旨在向中国和日本提供职业发展课程和公共项目。是备受欢迎的家庭读本《月光、水饺与龙舟：中国节日故事、活动与食谱》的作者之一，同时也是波士顿龙舟节、波士顿与杭州姐妹城市关系共同发起人。

（四）学员名录

序 号	姓 名	国 籍	性 别	单 位	职 务
1	杜 莹	中国	女	首都博物馆	科研办副主任
2	冯巧娟	中国	女	北京汽车博物馆	公众教育部部长
3	贺 苏	中国	女	云南省博物馆	国家文物进出境审核云南管理处责任鉴定员
4	何 也	中国	男	湖南省博物馆	信息中心副主任
5	胡 玥	中国	女	介休市博物馆	社教部副部长
6	刘弘轩	中国	男	内蒙古博物院	社会教育部教育主管
7	王广东	中国	男	天津恒达文博科技有限公司	国际事业部副经理
8	王紫色	中国	女	中国科学技术馆	展览教育中心展教辅导部副主任
9	肖 昀	中国	女	中国航海博物馆	社会教育部副主任
10	谢 硕	中国	女	重庆中国三峡博物馆	公众教育部
11	忻 歌	中国	女	上海科技馆	研究设计院院长
12	许 越	中国	女	南京博物院	社会服务部副主任
13	苑 晓	中国	女	中国化工博物馆	展教部项目主管
14	张蒙蒙	中国	女	文化部恭王府管理中心	公共教育部教育主管
15	郑 莉	中国	女	广东省博物馆	教育推广部

序号	姓　名	国　籍	性　别	单　位	职　务
16	郑奕	中国	女	复旦大学文物与博物馆学系、复旦大学博物馆	副教授、馆长助理
17	Abdelrahman Othman Elsayed	埃及	男	埃及文明国家博物馆	社区馆外拓展部主任、策展人
18	Abdoulaye Imorou	贝宁	男	旅游文化部文化遗产司	博物馆与教育活动推广部主任
19	Alana Sivell	澳大利亚	女	国家肖像画美术馆	数字化学习协调专员
20	Aleksandr Glowacz	波兰	女	维拉努夫宫博物馆	教育部主任
21	Alisa Saisavetvaree	泰国	女	诗丽吉王后纺织博物馆	策展人
22	Carmen Cordero	厄瓜多尔	女	原住民文化博物馆	副馆长
23	Gong Panpan	新加坡	女	新加坡国家博物馆	观众体验部经理
24	Helen Harris	纳米比亚	女	纳米比亚国家美术馆	策展人
25	Maintsetseg Choinzon	蒙古	女	蒙古戏剧博物馆	研究员、教育专员
26	Nguyen Thi Bich Ngoc	越南	女	越南美术馆	教育专员、联络专员
27	Nicole Sabrina Barreau	塞舌尔	女	塞舌尔自然历史博物馆	高级助理
28	Pham Thi Mai Thuy	越南	女	越南国家历史博物馆	社教部副主任
29	Rafaqat Masroor	巴基斯坦	男	巴基斯坦自然历史博物馆、巴基斯坦科技部	助理策展人
30	Reena Dewan	印度	女	ArtsAcre 基金会博物馆	馆长
31	Souyeon Woo	韩国	女	韩国国家博物馆	教育专员

（五）问卷评估

调查问卷——国际博协培训中心2017年4月培训班

一、背景信息

1. 您所在博物馆属于何种类型？

按管理类型划分：

☐ 博物馆协会　　☐ 私人博物馆　　☐ 县级博物馆

☐ 省级博物馆　　☐ 基金会或社团　☐ 地区博物馆

☐ 市级博物馆　　☐ 大学博物馆　　☐ 国家博物馆

☐ 其他：＿＿＿＿＿＿＿＿

按藏品类型划分：

☐ 农业／农村文化遗产　　☐ 航海

☐ 实用艺术　　　　　　　☐ 医药

☐ 考古　　　　　　　　　☐ 军事史

☐ 建筑　　　　　　　　　☐ 现当代艺术

☐ 儿童博物馆　　　　　　☐ 货币和银行业

☐ 服饰　　　　　　　　　☐ 装饰艺术／设计

☐ 乐器　　　　　　　　　☐ 自然史

☐ 生态博物馆　　　　　　☐ 表演艺术

☐ 教育　　　　　　　　　☐ 摄影

☐ 民族学　　　　　　　　☐ 地区／地方藏品

☐ 美术　　　　　　　　　☐ 科技

☐ 古建　　　　　　　　　☐ 雕塑

☐ 历史　　　　　　　　　☐ 交通

☐ 工业文化遗产　　　　　☐ 其他：＿＿＿＿＿＿＿＿

❑ 文学

2. 您所在博物馆位于哪个国家？

_____

_____

3. 以下哪项最能准确描述您在博物馆的工作？

    ❑ 管理   ❑ 公众项目设计   ❑ 观众服务

    ❑ 策展   ❑ 藏品保管   ❑ 博物馆学

    ❑ 市场推广／对外联络   ❑ 其他：_____

4. 您在当前职位的工作年限为多少年？

    ❑ 1 年或不足 1 年   ❑ 6–10 年   ❑ 不适用

    ❑ 1–2 年   ❑ 10–20 年

    ❑ 2–6 年   ❑ 20 年以上

5. 您在博物馆、档案馆或文化遗产领域的工作年限为多少年？

    ❑ 1 年或不足 1 年   ❑ 6–10 年   ❑ 不适用

    ❑ 1–2 年   ❑ 10–20 年

    ❑ 2–6 年   ❑ 20 年以上

6. 请注明您的正规教育文凭：

    ❑ 本科：_____

    ❑ 研究生（请详细说明）：_____

    ❑ 行业证书：_____

    ❑ 其他：_____

    ❑ 研究领域：_____

7. 您之前是否参加过博物馆培训？

    ❑ 是   ❑ 否

8. 如果是的话，您上过几节培训课程？

　❒　1—2 节　　❒　3—5节　　❒　6 节及以上　　❒　不适用

请说明课程类型及教学机构：

_____

_____

_____

二、培训课程与形式

9. 本期培训班是否有助于您实现个人和／或专业学习目标？

　❒　是　　　　　❒　一般　　　　　❒　否

请给出评论：

_____

_____

_____

10. 本期培训班在多大程度上达到了您的期望？

　　❒　超出期望　　　　　　❒　达到期望

　　❒　某些方面达到期望　　❒　未达到期望

11. 在提供博物馆教育新视角或新观念方面，本期培训班效果如何？

　　❒　超出期望　　　　　　❒　达到期望

　　❒　某些方面达到期望　　❒　未达到期望

12. 在提供具体实用信息方面，本期培训班效果如何？

　　❒　超出期望　　　　　　❒　达到期望

　　❒　某些方面达到期望　　❒　未达到期望

13. 在内容设计的明晰度方面，本期培训班效果如何？

　　❒　超出期望　　　　　　❒　达到期望

　　❒　某些方面达到期望　　❒　未达到期望

14. 本期培训班中，您最喜欢哪个课程？请解释原因。

_____

_____

15．本期培训班中，您最不喜欢哪个课程？请解释原因。

_____

_____

16．你认为本期培训班的英文讲座是否容易理解？

　　❑　是　　　　　　❑　一般　　　　　❑　否

　　如果否，原因是

　　❑　文化或机构差异　　　❑　英语熟练程度

　　❑　英语口音　　　❑　其他：_____

17．你认为本期培训班的中文讲座是否容易理解？（仅由国际学员回答）

　　❑　是　　　　　　❑　一般　　　　　❑　否

　　如果否，原因是

　　❑　文化或机构差异　　　❑　同传太快或不清楚

　　❑　其他：_____

18．您认为同传是否能够有效帮助您理解中文讲座？

　　❑　是　　　　　　❑　一般　　　　　❑　否

19．您与专家、其他学员和工作人员的沟通交流如何？

　　❑　非常好　　　❑　好　　　　　❑　一般

　　❑　较差　　　　❑　不好

20．哪些因素影响了您与专家、其他学员和工作人员的交流？

　　❑　文化或机构差异　　　❑　对术语的不同理解

　　❑　英语熟练程度　　　❑　英语口音　　　❑　时间不足

　　❑　彼此不熟悉　　　❑　其他：_____

21．请评价以下课程的效果和准确度：

评价 ／ 课程		优秀	良好	一般	较差	差
故宫博物院的表情（单霁翔）						
中国博物馆展览与公众参与（关强）						
莱斯莉·斯沃茨	博物馆家庭观众：波士顿儿童博物馆最佳实践					
	吸引全龄段观众与新观众的技巧					
	新观众研究					
阿斯玛·艾丽娅斯	博物馆观众合作：新加坡国家文物局最佳实践					
	开发新活动，吸引新观众					
	观众服务提升与博物馆能力建设					
如何发展博物馆教育：挑战与对策（果美侠）						
藏品阅读（克劳德·福贝尔）						

22．您认为展示汇报技巧环节是否实用有效？

❏ 是　　　　❏ 一般　　　　❏ 否

如果否，请解释原因：

_____

_____

23．您认为分组讨论与合作环节如何？请给出评论。

_____

_____

_____

24. 您认为专家面对面环节是否实用有效？

❏ 是   ❏ 一般   ❏ 否

如果否，请解释原因：

25. 您是否喜欢主题工作坊？

❏ 是   ❏ 一般   ❏ 否

请给出评论：

26. 您认为博物馆考察是否实用有效？

❏ 是   ❏ 一般   ❏ 否

如果否，请解释原因：

27. 您认为故宫博物院教育中心的教育项目体验如何？请给出评论。

28. 您认为北京文化遗产地参观考察是否实用有效？

❏ 是   ❏ 一般   ❏ 否

如果否，请解释原因：

_____

_____

29. 本期培训班哪些方面对您最有帮助？为什么？

_____

_____

30. 您认为本期培训班有哪些优势和挑战？

    优势：_____

    挑战：_____

_____

三、培训班组织

31. 您是通过哪种途径了解到本期培训班的？

    ❑　宣传册或海报　　　❑　口头宣传　　　❑　其他：_____

    ❑　网络　　　　　　　❑　通讯或出版物

32. 本期培训班是否与您此前看到或听到的描述相符？

    ❑　是　　　　　　　　❑　否

    如果否，请解释原因：

_____

_____

33. 您认为本期培训班的日程安排是否合理？

    ❑　是　　　　　　　　❑　否

    如果否，请解释原因：

_____

34．为方便起见，您认为在培训班开始前至少多长时间收到确认信比较方便？

中国学员：

❏ 两周　　❏ 三周　　❏ 一个月　　❏ 一个半月　　❏ 两个月

国际学员：

❏ 两周　　❏ 三周　　❏ 一个月　　❏ 一个半月　　❏ 两个月

35．您认为培训前一天的见面会，在加强专家、学员和工作人员熟悉度方面效果如何？

　　　　❏ 超出期望　　　　　　❏ 达到期望

　　　　❏ 某些方面达到期望　　❏ 未达到期望

36．您认为培训班会务手册在提供必要信息方面的效果如何？

　　　　❏ 超出期望　　　　　　❏ 达到期望

　　　　❏ 某些方面达到期望　　❏ 未达到期望

37．您认为会务手册中还应包含哪些内容？

38．为方便您在北京的学习、生活，您还希望获得哪些帮助？

39．您认为培训教室设施是否合适？

　　　　❏ 是　　　　　❏ 一般　　　　　❏ 否

40．您认为培训期间的茶歇如何？

    ❑ 非常好   ❑ 好   ❑ 一般

    ❑ 比较差   ❑ 差

41．您是否喜欢培训期间提供的餐饮？如果否，请给出评论。

用餐类型	喜欢	一般	不喜欢	评论
故宫 VIP 餐厅午餐（培训班第一天）				
翠明庄宾馆午餐				
翠明庄宾馆晚餐				
故宫工作餐厅午餐（藏品阅读日）				
故宫冰窖餐厅午餐（培训班最后一天）				
参观考察日午餐				
参观考察日晚餐				

42．晚餐时间对您是否方便？

    ❑ 是   ❑ 一般   ❑ 否

如果否，建议用餐时间

43．您认为自由安排晚餐如何？

    ❑ 很好玩，可以探索当地美食并可以根据自己的喜好点餐

❑   还是喜欢在安排好的地方与大家集体用餐

❑   很难找到餐厅或点餐有难度

44. 您认为酒店房间与酒店服务如何？

❑ 非常好   ❑ 好   ❑ 一般

❑ 比较差   ❑ 差

45. 您对培训班组织有何建议？

_____

_____

_____

四、培训班后续

46. 您是否会将该培训班推荐给同事或朋友？

❑ 是   ❑ 否

47. 您是否愿意在一年或几年后再次对培训班进行评估？

❑ 是   ❑ 否

48. 您认为我们应该对培训班做出哪些改变？

_____

_____

_____

49. 请在此写下您的其他评论或建议。

_____

_____

_____

问卷分析

问卷内容分四个版块：学员背景信息、培训课程与形式、培训班组织和培训班后续工作。本期培训班共发放问卷 31 份，回收问卷 31 份。

本期培训班招收的学员均拥有丰富的文博行业实战经验，学员队伍组成国际化、多样化，学员所属机构分布合理。大部分学员在博物馆、档案馆或文化遗产领域工作了 2 至 6 年或 10 至 20 年，并在当前职位工作了 2 至 10 年。一半左右的学员来自国家级博物馆，1/3 的学员来自省级博物馆，并有学员来自其所属国家级博物馆协会、私人博物馆、县级博物馆、基金会或社团、地区博物馆、市级博物馆及大学博物馆等不同性质、不同级别的机构。

学员普遍认为本期培训满足了他们对培训班的期望，课程视角新颖、信息实用、内容明确，专家团队国际化、专业博学、交流顺畅，培训中心所依托的国际博协、中国博协和故宫博物院背景强大，平台优质。

藏品阅读是本期最受欢迎的课程，主题工作坊、展示汇报、专家面对面环节因极具互动性，将理论与实践结合，同时紧密联系大家的工作实际，也备受学员赞誉。由故宫博物院宣传教育部提供的教育项目也非常有趣。这些课程能激发新想法、新创意，对将来的工作很有帮助。

由于专家、学员的英文口音和不同国家之间的文化差异，加之非英语母语国家学员对专业术语的理解和英语熟练程度参差不齐，学员、专家与工作人员之间的交流存在一定障碍，但并不影响三方的沟通热情，课程及其他培训环节基本达到预期效果。由于同传翻译中的信息丢失，部分国际学员对中文讲座的理解程度不如英文讲座。

学员认为在京食宿安排合理，会务手册信息有效，外出考察丰富有意义，所有的学员都愿意向朋友或同事推荐本培训班。

学员还向培训中心提出了丰富的建议，如结合主题由每位学员汇报所在博物馆和主导项目，分享成果和经验；部分学员认为培训班整体行程太满，建议取消部分晚课，减少外出考察地点，保证每一堂课、每一地点的学习及参观效果。

| 第三章 |

博物馆参与型展览开发

——2017 年 11 月培训班

一、培训概况

（一）培训班简介

　　2017 年 11 月 5 日至 14 日，国际博协培训中心 2017 年秋季培训班在故宫博物院成功举办，主题为"博物馆参与型展览开发"。此次培训邀请了来自中国、巴西、加拿大、土耳其和美国的 7 位专家前来授课，培训内容涵盖博物馆品牌化、展览设计与开发、随展项目开发、展览评估等多个方面，通过专家讲授、案例分析、分组讨论、博物馆实践等多种课程形式学习并讨论了相关理论知识及实践案例。

　　来自世界各地的 33 名文博从业人员参与了此次培训。培训班招收中国学员共 16 名，来自国内 8 省市 16 家机构，分别为安徽博物院、广西民族博物馆、北京鲁迅博物馆、首都博物馆、中国科学技术馆、复旦大学、广东省博物馆、河南大学（河南大学文物馆）、湖南省博物馆、汤阴县岳飞纪念馆、民族文化宫博物馆、保利艺术博物馆、山西博物院、故宫博物院、上海交通大学李政道图书馆和世博会博物馆；国际学员共 17 名，来自亚非欧拉 17 国 17 家机构，包括亚美尼亚文化部、阿塞拜疆地毯博物馆、布基纳法索国家博物馆、哥伦比亚国家博物馆、危地马拉国际社会和解研究所、印度尼西亚万隆技术学院、伊朗马利克国家图书馆和博物馆、日本博物馆协会、肯尼亚国家博物馆、立陶宛考纳斯 M.K.Ciurlionis 国家美术馆、尼泊尔帕坦博物馆发展委员会、斯洛文尼亚技术博物馆、南非纳塔尔省夸祖鲁博物馆、韩国国立文化遗产研究院、土耳其博鲁桑当代艺术馆、越南美术馆和赞比亚利文

图 3-1　培训班全体人员合影

斯顿博物馆。

　　随着培训中心的发展，其辐射面和影响力不断扩大。本期培训中，培训中心首次迎来了亚美尼亚、布基纳法索、危地马拉、肯尼亚、立陶宛、斯洛文尼亚和土耳其七国的学员，培训中心学员国别扩展到亚、非、欧、拉丁美洲和大洋洲的 60 个国家。

　　藏品阅读、博物馆参观和展示汇报技巧等特色环节在本期培训得以延续和发展。同时，结合本期培训主题和课程需求，将学员个人展示环节纳入培训日程，并新增往期学员分享环节。借此，学员获得了更多互相交流、分享经验的机会，课程内容与学员分享的实际案例也得以结合，培训理论与博物馆工作实践实现了有机统一。

（二）培训日程

2017 年 11 月培训班工作安排表

日期	时间	课程 / 活动	主讲人 / 参加者	地点
11 月 5 日（周日）	全天	报到注册	工作人员	翠明庄
	17:00	见面会	专家、学员、工作人员	
11 月 6 日（周一）	9:00−9:30	开班仪式	领导、专家、学员、工作人员	翠明庄
	9:30−12:00	博物馆展览与博物馆使命——以故宫博物院实践为例	单霁翔	
	13:30−15:00	国际博协概况	苏埃·阿克索伊	翠明庄
	15:00−17:00	中国博物馆展览与公众参与	关强	
11 月 7 日（周二）	9:00−12:00	博物馆展览与品牌推广 I	露西马拉·雷特利尔	故宫博物院教育中心
	13:30−17:00	展示汇报	专家、学员、工作人员	故宫博物院教育中心
11 月 8 日（周三）	9:00−12:00	展览开发 I	保罗·奥尔塞利	翠明庄
	13:30−17:00	博物馆自由参观	专家、学员、工作人员	自选
11 月 9 日（周四）	9:00−12:00	展览开发 II	保罗·奥尔塞利	故宫博物院教育中心
	13:00−16:30	参观故宫	专家、学员、工作人员	故宫博物院
	19:00−21:00	如何做好汇报展示	中国学员	翠明庄
11 月 10 日（周五）	9:00−12:00	博物馆展览与品牌推广 II	露西马拉·雷特利尔	故宫博物院教育中心
	13:30−17:00	展览评估	保罗·奥尔塞利	故宫博物院教育中心
11 月 11 日（周六）	9:00−12:00	分题研讨 I	露西马拉·雷特利尔 保罗·奥尔塞利	故宫博物院教育中心
	13:30−17:00	分题研讨 II	露西马拉·雷特利尔 保罗·奥尔塞利	故宫博物院教育中心

日期	时间	课程 / 活动	主讲人 / 参加者	地点
11 月 12 日（周日）	全天	北京文化遗产实地学习	专家、学员、工作人员	
11 月 13 日（周一）	9:00–12:00	藏品阅读 I	克劳德·福贝尔	故宫博物院兆祥所
	13:30–17:00	藏品阅读 II	克劳德·福贝尔	故宫博物院兆祥所
11 月 14 日（周二）	9:00–12:00	互动与空间	孙淼	故宫博物院建福宫
	13:30–14:30	往期学员分享	赵洋	故宫博物院建福宫
	14:30–15:00	培训评估	学员	
	15:00–16:00	故宫博物院自由参观	专家、学员、工作人员	故宫博物院
	16:00–17:00	结业仪式	领导、专家、学员、工作人员	故宫博物院建福宫
11 月 15 日（周三）	全天	人员离京	工作人员	翠明庄

二、培训内容

（一）国际博协与博物馆展览发展

授课教师：苏埃·阿克索伊（土耳其），国际博协主席

展览是博物馆服务体系的基本内容，也是促进博物馆与社会文化交融的重要链接环节。受到公众认可的好展览不仅需要陈列和展示文物、叙述和阐释历史，更应该传播知识、启发思维，与观众积极交流互动。世界范围内，虽各国国情略有差异，但各国博物馆策展中均需考虑展览目标观众和博物馆观众的多样性，因此处理问题的方

图 3-2　授课教师：苏埃·阿克索伊

法与思维值得互相交流借鉴。

国际博物馆协会是以博物馆为核心的国际学术组织。自 1947 年起，国际博协作为执行联合国教科文组织发展规划博物馆事业的合作者，为国际博物馆行业的发展、世界博物馆之间的交流互助以及世界博物馆展览工作的进步都贡献了极大的力量。

国际博协是一个独特的国际组织，现已扎根于全球 137 个国家。一直以来，国际博协及其诸委员会提倡诠释及保护文化遗产，致力于为日渐多样的博物馆工作提供本土支持与专业技术指导。

在多场毁灭性的战争之后，国际博协应运而生。而自 1946 年起，博物馆界的巨大变化更促进了国际博协的快速发展。现代社会中仍然普遍存在着诸多矛盾冲突，而博物馆通过强化并利用其社会公共机构的身份，为化解纷争发挥着至关重要的作用。博物馆拥有的能力包括增强社区凝聚力、为社会边缘人群提供安全场所以及参与针对人权与社会平等的讨论等。由此可见，博物馆可以改变民众的生活。

国际博协战略计划以独立性、完整性、专业性为基础，其发展目标是以实际行动加强国际博协与世界各地同行的团结度、增强机构的民主性、保护人类的共同遗产，并成为全世界博物馆的支持者。

国际博协的工作使命包括四大部分。其首要任务是以《国际博协职业道德准则》为基石，建立高标准的行业自我监管和调整的参考标准；其次，根据国际遗产公约建立多边合作的外交论坛，汇聚国际知名专家，为文化与文明贡献力量；第三，建立并发展以 36000 名国际博协会员为基础的专业网络，结合相关的机构与博物馆体系，为博物馆从业人员提供讨论博物馆相关主题与国际活动的平台；第四，联合 30 个国际委员会建立与领衔全球智库。

《国际博协职业道德准则》怎样帮助博物馆完成上述任务，保护岌岌可危的文化遗产呢？博物馆需坚持最高伦理道德准则，以严格的指导方针作为获得文物的行为标准。显然，博物馆应拒绝来源违规或来历不明的文物，并在严格遵守准则的基础上出售或交换藏品。有时博物馆的行为虽合法，却缺乏职业道德。

国际博协与联合国教科文组织、国际刑事警察组织和国际海关组织等建立合作，执行以下《博物馆职业道德准则》所要求的重要任务：打击非法走私文物；执行风险管理；促进知识文化传播；保护物质文化遗产和非物质文化遗产；提升博物馆的社会地位。对于现代博物馆而言，联合国教科文组织的《关于保护和促进博物馆藏品及其多样性和其在社会中作用的提议》应是最为重要的规范性文件。

保护文化财产是国际博协的核心任务之一，也是如今冲突四起的世界面临的重要挑战。多年以来，国际博协为保卫文化财产、制止文物的非法走私制定了多种有效策略与防避措施，并通过提供专业技术及工具促进与世界级专家的合作。

为帮助博物馆完成重要任务，国际博协创建了可供博物馆从业人员交流的论坛，将不同国家的策展人与教育人员联系在一起，进行关于博物馆使用权、主要业务及拓展延伸业务的广泛讨论。世界各地的博物馆共享优秀的实践经验，从而得以更好地完善工作并强化博物馆的社会作用。如今，博物馆正面临着许多亟待处理的挑战，国际博协通过举办会议、活动以及发行出版物，为讨论相关知识与对策提供了一个很好的平台。

国际博协每年会组织超过 300 场大会、研讨会与活动，其中包括只针对国际博协会员每三年举办一次的年会。此外，为庆祝每年 5 月 18 日的国际博物馆日，国际博协会邀请所有博物馆共同组织主题日特别活动，通过这一独特的机制唤起它们作为博物馆的使命感，努力促进文化交流、丰富文化内涵、增强人们相互理解与合作的意识，从而维系民族之间的和平。这些活动是酝酿并丰富创意、交流信息和知识的宝贵机会，对促进专业领域与社会的互联互通产生了不可估量的影响。

除此之外，国际博协也通过发行出版物为业界提供了获取专业知识、进行实践交流的平台。国际博协出版的《博物馆国际》是经同行评议的专业学术期刊，配合当代博物馆行业的相关主题，刊载研究信息、资讯与案例。国际博协与知名博物馆出版社 Routledge（劳特利奇）也维系着长期而紧密的合作。另外，国际博协通讯部出版的电子月报可以帮助会员了解最新资讯，国际博协在 Facebook、Twitter 等社交网络也保持着较高的活跃度。

通过对上述活动和出版物的介绍能够明显地看出，国际博协为其会员交流讨论博物馆行业正面临的机遇与挑战提供了无限的可能。

在当今社会中，快速发展往往伴随着挑战。世界范围内博物馆数量的持续增长表明，尽管其他娱乐行业的竞争日益激烈，博物馆的发展势头却空前强劲。尽管如此，观众期望度的提高、博物馆的分散化以及金融危机导致的预算削减都迫使许多博物馆开发出新的财务模型以保证正常的组织运转。

上述发展变化均要求世界各地的博物馆专业人士锻炼新的技能，而发达国家与发展中国家之间关于专业训练的差异与矛盾也亟待解决。为填补这一差距，并建立 21 世纪新博物馆发展所需要的培训机制，国际博协提出了"能力建设"，并将这一理念根植于国际博协战略计划之中，保证年轻的博物馆从业人员拥有能力培训的优先权。博物馆的未来取决于如今从业人员之中明亮的新星，而国际博协有义务为他们提供资源与方法，更好地发挥博物馆不可替代的社会价值。

国际博协的品牌项目之一是国际博协培训中心，简称 ICOM-ITC。培训中心总部位于北京，至今已运行了四年，其设立始终是国际博协引以为傲的决定。培训中心旨在促进国际博物馆间的研究与交流，提升发展中国家，尤其是亚太地区博物馆从业人员的专业知识水平。当然，培训中心同样欢迎来自世界其他地区的学员，以多样化的文化背景增强培训中心的活力。培训中心的讲座主题聚焦于博物馆管理、藏品收藏、展览策划以及博物馆的社会角色等等。

2017 年，国际博协下属的多个国际委员会组织举办了多场年度会议及多项其他活动，并针对专业领域内的合作、具争议性的历史及其他行业话题，在世界各地开展峰会和研讨会并讨论研究了多项议题。2019 年还将在京都举办国际博协每三年一次的盛典——国际博协年会。未来，国际博协将继续行使其使命，为世界范围内博物馆的行业交流、展览合作和共同进步贡献一份力量。

（二）展览设计理论与策略

1. 展览开发

授课教师：保罗·奥尔塞利（美国），保罗·奥尔塞利工作室总裁

图 3-3　授课教师：保罗·奥尔塞利

展览是博物馆与公众进行沟通和交流的主要媒介。为了与观众有效沟通，博物馆策展人员需充分调动博物馆内外的全部资源，选择合适的主题，通过一定方式组织展览，以呈现预想的效果。这个过程可以称之为展览开发。

当今世界博物馆界，"原型测试"（Prototyping）的概念开始被运用到博物馆策展工作中。无论在展览开发前还是展览开发期间，原型测试对于策展工作都具有非常重要的意义。如没有正确理解"原型测试"（Prototyping）的含义，人们往往难以把握展览开发工作的整体方向。"原型"（Prototype）这个词始源自工业领域，是指产品制作从概念到实现的过程中需要经过的多重测试和不断调整。推而广之，在博物馆领域中运用这一概念时，原理是一致的：展览开发从概念到实现的过程均需要进行多次测试，不断调整。

"Prototype"是汉语语境下的英语外来词汇，目前直接在汉语中很难

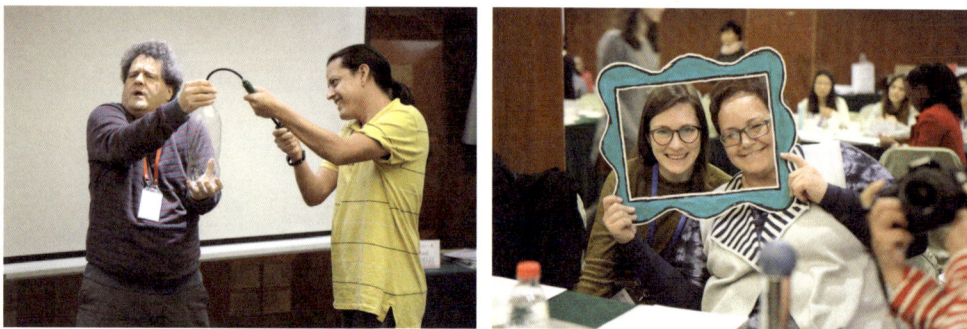

图 3-4　保罗先生用小物件做课堂实验

寻找到意思完全符合的词汇作为译文，此处暂以"原型"代之。如果暂时将
"Prototype"的翻译问题搁置一旁，不提前文所谓"原型测试"一词，而以"项
目试验"来阐释这个概念，对于博物馆工作者来说不仅更为清晰，也是一种
更好的思考方式。

　　这意味着无论展览、教育或者其他项目的主题是什么，都应突破传统框
架，作出新尝试：有些时候需要的是影像资料，有些时候需要的则是某些形
式的亲身体验。本着对项目进行尝试和检测的目的，策展团队可用简单的日
常材料制作一些样品或模型。当然这不仅仅是为了好玩，创意地运用不同素
材可以帮助人们了解博物馆的一些科学程序，同时吸引更多观众，尤其是对
博物馆藏品感兴趣的儿童观众。

　　保罗·奥尔塞利先生在课堂上展示了他从美国带来的各种生活中的小物
件。它们在生活中易于获得，但在设计中都蕴含着大道理。这些"大道理"
可以小到生活中的各种常识，也可以大到在理化生等课程中学到的科学原理。
在策划展览的过程中，为了实现某种效果，如果我们尝试寻找生活中与科学
原理类似的小物件，或可能用于模拟展览呈现效果的物件，以它们为基础尝
试制作展览模型，就能在策展开始前或策展进行中完成可行性测试。若展览
的展品、形式设计在最终定型时都已经经过检测，那么不仅策展人的展示目
的更易达成，对于观众也极具可操作性。

　　当然，在展览开发的过程中，凭借展览策展经验、背景知识以及对博物馆藏品的了解进行发散思维也是至关重要的。展览开发首先需要从已知藏品及其背景知识中甄选出展览开发的出发点，将出发点进行分类，再针对每一类进行分析和探究，选出最具可能性的方面，再进一步深入探索。所有策展成员都需要对展览开发的目标、展览目标观众及展览背景知识有深入的了解，这样策划出的展览才能成功抓住切入点，清晰明了地将策展团队的想法展示给观众。

　　分析目标群体也非常重要。一个展览在开发和设计阶段就要充分考虑目标观众的知识面、接受能力和兴趣点。比如同一个展览，对于成人可以是"这个展览包括了这些东西，还有哪些东西"这种表述方式，但对于儿童，则可以变成"这是什么？那是什么？"的表达方式。考虑不同年龄段成员世界观和认知模式的不同，用他们习以为常的模式表达，便能获得意想不到的结果。

　　凡事总有例外。关于展览，并没有所谓的正确答案。博物馆工作者需要做的便是找到一种最佳方式，精心处理主题，通过进行"原型测试"（Prototyping），呈现出精美的展览。

2. 展览设计：互动与空间
授课教师：孙淼（中国），故宫博物院展览部副主任、副研究馆员

　　今天，博物馆已逐渐成为人与人交往的场所。参与型展览的开发，正如篆字"与"字所体现的，需要很多人合力才能完成。每一个展览都有博物馆的工作人员，以及包括学者、设计团队、制作团队、博物馆相关专业人士、观众、志愿者等在内的人们参与其中，最后的成果定是集体智慧的结晶。故宫虽是一个博物馆，更作为一个文化遗址被观众认为是旅游景点，每天需接待数以万计的观众。面对如此之多的观众，如何告诉他们我们是一个博物馆，让观众参与其中，促进彼此之间的互动，其实并不简单。因

此策展时要求策展人全面考虑，充分利用展
览空间，与观众互动。

图 3-5　授课教师：孙淼

博物馆展览在呈现给观众之前，首先是各
方同仁共同参与的成果。2009 年，在策划关于
清代学者型官员黄易收藏碑刻拓片的特展时，
策展团队沿着黄易当年的路走了一遍，并把这
一工作过程也作为展览内容的一部分。2011 年，
在做中国最著名的书法作品《兰亭集序》展时，
策展团队同样寻访了古人的足迹，并邀请当代艺术家加入，通过较为抽象的
方式来表达中国文人的思想和境界。基于通过 2012 年与美国弗利尔美术馆
的交流，孙主任真切地体会到展览幕后需要不同部门和人员的参与。不管多
小的展览，均需列出所有可行方案，再由团队成员讨论后针对性提建议，最
后才能确定一个比较完美的方案。

在博物馆展览的设计中，要注意处理空间与人的关系。2004 年，故宫
开始了整体建筑维修，许多新修缮的建筑被开辟成为展厅，其中就包括将
开辟成为故宫书画馆的武英殿。关于如何利用好这个空间，孙主任认为当
人看画时，人与画之间是互动的关系，人应该穿梭于其中。因此，最终策
展团队在展厅中设置了一些有很强序列感的灯，用以引导观众的视线，加
强互动。

在利用空间时，还要注意把握好主次关系。无论展览形式如何新颖，如
何热闹，绝对不能喧宾夺主。若展览形式过分喧嚣热烈，观众则非常容易被
环境吸引而不认真观展，那么真正需要被关注的展品就容易被忽略了。

毋庸置疑的是，博物馆展览尤其需要注意给观众提供参与的机会。观众
和艺术品交往的方式有端详、倾听、触摸、书写等等。展览应当有表情，让
观众感受到温暖。与西方艺术作品不同，中国传统艺术有着独特的欣赏方式，
主要体现在两个方面：一是私密性，二是互动关系。西方很多博物馆显然也

意识到东西方的差异，在展示东方藏品的时候会独具匠心地营造出私密空间；而人与作品之间存在着的互动关系，则需要策展者在展览前做出相关考虑。

博物馆展览注重观众参与的意义在于，观众会将博物馆所传达的文化信息持续地传播出去。展览中为观众提供的教育项目，策展中设置的伏笔，并不会随着展览结束而结束，观众感兴趣的东西会通过这些形式继续流传下去，传播得更远。

通过复原传统空间来创造艺术语境在博物馆展示中比较容易实现，而要体现人与艺术品之间的关系就要困难得多。无论怎样，在展览中观众都是无法触摸到展品的，现代博物馆展示中人与物的分离是必然的，同时博物馆发展的趋势一定又是面向大众、不断开放的，而非私密的、小众的。从这一角度来讲，二者似乎永远存在矛盾。当然，这并非无法解决，前面讲述的一些很有新意的尝试已经为我们拓宽了思路。这仅仅是个开始，博物馆的策展人与设计师还需要不断努力，进行更加深入的研究与探索。

3. 展览品牌与市场推广

授课教师：露西马拉·雷特利尔（巴西），国际博协市场营销与公共关系委员会委员

展览品牌是什么？品牌可以塑造信念与价值，也可以建立产品与消费者之间的联系。与其他机构竞争时，拥有一个行之有效的品牌战略至关重要。品牌战略至少包括品牌推广与市场营销工作。

（1）品牌推广

品牌是消费者思维认知的集合，也是公共机构的个性表现。它始终传达着机构与消费者双方之间的信任。成功的品牌推广应以引起公众共鸣为目标。

尽管博物馆的市场营销与商业营销不尽相同，博物馆营销人员仍然可以向商业营销者学习并采用其技巧。在博物馆行业这一大环境中，品牌推广的

目的包括：确认营销正当性、培养博物馆的
个性特点、发展自身价值和缩短博物馆与观
众之间的距离。博物馆应以公共机构的愿景、
使命与文化作用为考量基础，在确定一个详
细的品牌战略时，与整体规划的选择保持一
致。

图 3-6　授课教师：露西马
拉·雷特利尔

博物馆行业对于品牌推广的误解非常普
遍：在 2008 年的一次业界采访调查中，29%
的受访博物馆自身没有推出明确的品牌；15% 的受访博物馆从未为其品牌化
过程正式地组织过工作，在那些鲜为人知的博物馆中，这类比例更是高达
60%；此外，65% 的受访博物馆认为品牌等同于标识（商标）。

公共机构的自我定位反映了其看待自己的方式，也突显了自身与竞争者
的不同。这种定位主要源自机构本身，但观众的认知同样有助于定位的塑造。
随着时间的推移，这种情况可能会有所变化，因而在必要时需对机构进行重
新定位。

品牌化带来的收获通常不能立即见效，因此对于展览品牌化而言，品牌
重塑是需要持续进行的工作，这样才能不断改善并重塑博物馆的公众形象。
公共机构则应通过评估其品牌的稳定性、可感知度、赞助商、稀有度及信任
度来决定其公众形象是否需要新的转变。

（2）市场营销

市场营销是一个影响行为、改变行为的过程，其目标是在某一产品的供
应者与消费者之间建立更好的关系。一个成功的营销活动应当要满足目标消
费群体的需求和期望。公众（people）、产品（product）、价格（price）、地
点（place）、推广（promotion），这 5 项内容（5"P"）能够影响营销活动
实施的效益。对于博物馆市场营销，以上理论同样适用。

① 公众

图 3-7　博物馆市场营销五要素

博物馆市场营销的第一步，是区分观众群体和识别目标群体。博物馆应怎样将公众划分为不同的观众群体？可以根据人们的参与程度分为四种类型：热情的支持者、核心来访者、临时观众和一般公众。每一种人群都有其特定的参访行为。此外，人们参观博物馆的目的通常有以下八种：丰富知识、娱乐消遣、表现表达、感受视觉、激发灵感、获得肯定、释放自我和探究本质。为了满足不同人群的需求，博物馆应该确定观众的身份，了解他们的参观动机，从而分辨他们可能属于的群体类型，并针对特定群体制定适合的营销策略。

与观众一样，博物馆工作人员也属于社会公众，因而他们能够理解不同个体有各自的情感、体会与需求。通过他们的努力，充分剖析不同个体，才能针对问题具体分析，将博物馆与观众更紧密地结合起来。观众分类可以为项目产品的开发提供指导，同时也能够帮助博物馆寻找内容的定位。

② 产品

博物馆市场拓展需要以符合人们期望的产品与服务为依托。为了从表征与根源上激发观众兴趣，提高博物馆展览及活动"上座率"，博物馆应牢记：

市场营销不仅仅是短期的产品销售，更是一个长期的过程。观众分类引导产品项目的开发、具体的品牌化工作和与观众的沟通，并允许博物馆扩张其"市场"，包括当前市场、可用市场及潜在市场。

博物馆在提供产品和服务时，首先需了解与展览相关的元素及不同观众群体的兴趣，再设计展览活动，以此吸引和维系观众群体。人们的兴趣随时都在变化，观众追求的是展览参观的体验，而博物馆也应该与观众进行更多情感的交流。具体说来，博物馆提供的产品可分为三类：首要产品、预期产品、扩展产品。人们在购买或使用之前可以对产品进行预览，但只有在正式购买之后，他们才能真正体验服务。

③ 价格

在为博物馆确定价格时，需要首先了解成本与收入之间的关系。在设定价格之前，博物馆应该了解自身收入结构及其来源。从门票、商品、巡回展览、语音导览、出版物，到讲座、课程、会员费用、特别展览、品牌产品、品牌授权，博物馆可以运用各种不同的方法来获得收入。但由于不同国家的法律规定存在差异，博物馆必须先明确它们有权力做什么、不能做什么，而后才能找到适合而长期有效的方法获得收入。

如今世界各地的博物馆都提出了各种富有创意而引人注目的收入理念：将商店中的产品与展览及品牌价值联系起来；在线上商店提供与日期、季节相结合的特色产品；利用专门的营销活动推出组合价格……目前，全球范围内的博物馆都越来越重视定价与收入策略。MOMA（现代艺术博物馆）的案例提供了一些经验作为参考：分辨频繁参观行为与观众归属感；吸引企业赞助；承办私人活动；建立捐赠者与品牌概念、博物馆价值、博物馆目标之间的联系。

④ 地点

"地点"对博物馆来说又意味着什么？它不仅是博物馆的所在地，还是向公众展示博物馆文化、公众感受博物馆的地方。因此在了解博物馆的"地点"时，还应考虑周围环境、社区、交通状况、广告宣传以及其他相关因素。

在所有博物馆"地点"中，观众的参观体验从哪里开始，又在哪里结束呢？事实上，当人们在某处获得与博物馆品牌相关的信息时，参观体验就已经开始了。参观前、正式参观、参观后，这三个阶段组成了参观体验全过程，所以对于博物馆而言，仅仅关注展览本身是完全不够的，展览项目、观众服务以及公共设施的设置都应重点关注观众的兴趣。因此，网站、广告，甚至馆内商店都属于博物馆的"地点"，可用以吸引更多的观众。

⑤　推广

几乎所有的博物馆都会宣传其举办的展览，而每举办和宣传一个展览都能够加强博物馆自身的品牌，但很少有人意识到这是强化或重塑博物馆形象的好机会。品牌推广工作过程中"信息交流组合"概念主张宣传活动可以通过各种方式实现。传统意义上，这些方式包括广告、促销、直接联系和数字通信等。由于当代科学技术的发展，信息交流的方式发生巨变，充分利用高科技、多元化的、多层级的社交媒体网络，已成为最具前沿的推广模式。

总而言之，博物馆应将市场营销当作一个所有部门都要参与其中的过程，注重突出价值，加强品牌推广。市场营销的 5"P"（即上文的公众、产品、价格、地点和推广）则是可以随时利用的工具。博物馆应将观众群体发展、观众分类纳入其决策体系，充分了解影响博物馆市场推广进程的手段和策略，有效完成博物馆的展览品牌建设和市场推广工作。

4. 展览评估

授课教师：保罗·奥尔塞利（美国），保罗·奥尔塞利工作室总裁

博物馆展览总是依托于不同类型的专业知识，但博物馆观众并不都是相关领域的专业人士，因此，策展时需要解释并简化专业知识，以帮助"外行"更好地了解展览内容。同时，策展仍需考虑展陈形式的美观。展览设计的好坏，会影响观众拍照的兴趣。观众往往将他们认为有趣、有意义的展览拍下来留念或参观后继续了解知识。那么，什么样的展览最适合公众呢？首先，便是有趣而内容丰富的实体展览。除了实体展览，一些博物馆还尝试利用应用程序为观众提供绘画和艺术作品中的信息。无论是实体展览还是应用程序，如果博物馆希望吸引广大观众，就需要在了解观众想法的基础上，依据观众水平决定信息层级与内容。例如，对外籍访客而言，博物馆内的本土文化信息非常重要，博物馆就应以此为切入点，吸引外籍访客。

评估系统对于形成并改进博物馆实现目标的方式非常有意义。展览评估可以提供宝贵的观众信息，就展览效果为博物馆工作人员提供积极、及时的反馈，帮助博物馆决策者规划、执行、调整和阐释展览与活动。评估反馈不仅仅可以指出某项工作的缺点和错误，更能帮助完善博物馆工作体系。

（1）展览评估理论

展览项目策划与开发的不同阶段需采用形式不同、侧重点不同的评估方法，具体包括以下四种：

前期评估：于项目的最初概念阶段进行，在投入时间、精力与金钱之前对展览规划做出评价，对展览的概念、主题、故事以及叙述结构进行"审视"。理想的评估方法是组织有针对性的小组座谈，挑选 8 至 10 人参与直接讨论，分析已有情况并商讨研究结果，为项目下一阶段的决策提供信息。

形成性评估：于项目的开发与设计阶段进行，为博物馆提供来自观众的反馈，以进一步完善项目。观众可针对展览的影像、文字、显示屏及实物模型，或展览中不同章节的模拟展示，进行直接评估，博物馆也可以尝试使用观察和问卷等方法来取得观众反馈。

调整性评估：于展览项目的开放运行阶段进行，这是审视整个项目的重要机会，帮助博物馆客观思考和评判项目，并对项目中的任意部分做出调整，使其更加具有影响力。在进行调整性评估时，博物馆可以采用问卷调查的方法，向观众提出类似如下问题：

您希望在观展时看到什么？

展览符合您的期望吗？

您认为展览主要想传达什么讯息？

您认为展览提供的信息容易理解吗？

您在展览中学习到新知识了吗？是怎样的新知识？

您认为展览还应怎样改进？

观察来访观众同样很重要。博物馆可通过观察参观者们如何观展，如何与项目进行互动，尝试总结观众行为来回答下列问题：

观众是否按照为其设计的预期路线观展？

观众是否会错过展览的部分内容？

哪些陈列最吸引观众的眼珠？

展览中存在"热点"或"冰点"区域吗？

哪些部分能够维持观众的注意力？

观众在展览中停留多久？

总结性评估：作为对整个项目的总评定，进行总结性评估时可以充分利用来自观众、员工、志愿者的反馈，以及对图录、预算、内部备忘录等文档的分析。在这一评估过程中，博物馆应解决以下问题：

观众信息：

一共有多少观众参观了展览？

展览项目是否符合观众的期望？

观众是否理解了主要内容？

博物馆发展：

展览陈列是否展示出了藏品的重要意义？

展览是否达到了博物馆战略规划的主要目标？

成本／收益：

展览是否吸引到了赞助？

展览的资金源头在哪里？

开发执行展览或随展项目是否意味着无法进行其他项目？

在策展的每一个步骤中，博物馆都需要仔细思考这些问题。评估过程就像是编辑或简化的过程，而提出的问题将会决定答案的可参考性，因此评估问题需要明确详细且有针对性。传统的评估方式包括调查问卷、面谈采访、考察以及针对性小组座谈，而如今的博物馆可以利用更具创造性的方法来收集信息，例如让博物馆的工作人员广泛参与社区活动，即使这些活动与博物馆毫无关联，它们也可能回答或解决一些问题，帮助博物馆发现公众感兴趣的内容，并激发出创造展览主题的灵感，吸引观众参与。

展览评估不仅为特定的展览项目发展提供必要信息，而且能为博物馆的长远决策提供参照；其所反映的数据对利益相关方也很有价值，因为他们一般会对观众数量及观众满意度很有兴趣。展览评估有助于了解观众并建立观众档案，为开发新的展览项目打好基础，同时也让博物馆发展的正确方向越发明朗。

（2）展览评估实践

保罗·奥尔塞利先生在课程开始前考察了故宫各展览的开放和参观情况，选定位于午门展厅的《千里江山——历代青绿山水画特展》作为课程的实践场所。课程理论部分分享和讨论结束后，专家学员均前往午门展厅，利用课程学习的理论知识和评估策略进行随机观众调查、展陈观察和数据收集。学员与专家在展厅就各种现象即时讨论，并在实践的过程中将课堂中的疑问一一解决。这一环节与授课环节有机结合、互为补充，很好地实现了将理论与实践紧密结合的课程目标。

图 3-8　学员在展厅评估展览

（三）中国博物馆展览工作实践

1. 中国博物馆展览与公众参与

授课教师：关强（中国），国家文物局党组成员、副局长

早在古希腊、古罗马时期，城市中已经出现了被称为"MUSEUM"的场所，但此时其具有的意义仅限于收藏，并未向社会开放，也不能体现公益性。现代意义中的博物馆诞生于文艺复兴之后的西方国家。由于人类对自身及其生存环境的兴趣和研究与日俱增，在渴望了解自然、了解历史、了解艺术的背景之下，博物馆应运而生，成为一种新的文化组织形式。博物馆赞颂人的想象力和创造

图 3-9　授课教师：关强

力，追求美与和谐，为人们带来心灵的愉悦。因此，其产生是人类历史发展的进步，也是人类文明新的起点。

当今的博物馆，不仅是收藏、保护、研究、展示文化遗产的机构，还日

益发展为服务于人的全面发展、面向未来的文化服务和教育机构。世界范围内博物馆事业蓬勃发展，博物馆展览更是接连不断。就中国而言，每年博物馆举办的展览超过 2 万个，参观人数达到 7 亿人次，这其中就有许多备受观众欢迎的展览，比如故宫博物院的"石渠宝笈"展、首都博物馆的"海昏侯"展、南京博物院的"法老·王"展等。它们在开展前就抓住了观众的眼球，展览期间吸引人们蜂拥而至，甚至在展览结束后仍为人们津津乐道。然而不是所有的博物馆展览都达到了它们的预期效果，无论是展览策划、展览内容与形式或是展览的再创造，博物馆人都还有很长的一段路要走。如何通过展览的各种表达方式去体现策展人的理念和创意，同时又能为观众提供一种新的感受，是目前博物馆界面临的共同课题。

传统的博物馆展览属于传输式展览。其策展（即展览选题策划和展品遴选）的职责固定由馆内"陈列部"来承担，其他部门难以参与其中，而当前博物馆业界提出并推广的参与性展览则打破了这一属于少数人的"专利"。参与型展览倡导建立面向全馆人员的"策展人制度"。尤其是第一次全国可移动文物普查结束后，各博物馆都建立了数字化藏品电子查询系统，馆内所有员工都可以平等地发挥和实现创意，提出展览选题、组建展览团队来参与策展的全过程。博物馆则通过组织民主讨论、集体评议，来确定展览选题和展览计划，从而激发全体员工的智慧、主动性与创造性，不仅增添了博物馆的活力，更促进展览的推陈出新，有助于推进博物馆陈列展览体系的丰富和完善。

今天的观众获取知识与信息的方式和过去有很大不同，人们往往不需要在博物馆接受系统的知识传授，而是希望了解展品背后的故事。因此，博物馆的陈列展览在学术支撑的基础上，还要有较强的艺术感染力。一个成功的展览，不仅可以完美诠释展品，让文物变得鲜活起来，还能有效拉近观众与展品之间的距离，以便更好地发挥博物馆为观众服务的功能。参与型展览通过在展厅中设置适当的展品模型、辅助用具等互动设施设备，激发观众动手参与或参加情景式角色扮演的冲动，从而帮助观众解读展品的结构与功能，丰富观众对展品内涵的认知，帮助观众发掘展品背后的精彩故事，增强对展品所蕴含的历史、科学、艺术价值的直观感受，获得对特定历史时空环境、情感氛围的场景式体验，打破了传输式展览给予观众的单一阅读式体验。例如湖北省博物馆开通的"小木屋"文化展示空间，包含触摸屏技术及针对儿童的专门空间；河北博物院推出的长信宫灯互动教具，辅助解读文物的科学原理与艺术魅力；天津博物馆的中国古代体育文物展览，创设主题场景增强互动；西周燕州遗址博物馆的体验"青铜器全角拓"活动提供了主题角色扮演的机会。

多维度、灵活多样的讲解形式也是参与型展览的重要突破。好的展览不仅有策展人员、专家、专职讲解员、志愿讲解员等人向观众面对面解说，更有通过手持电子自助讲解器、VR（虚拟现实）/AR（增强现实）技术专用设备、移动网络 APP、微信、微博等新媒体互动手段为观众提供讲解的服务。通过丰富而多维度的展览解说服务，观众对展品信息的把握与展览主题的理解将更加准确，展览体验的层次将更加丰富，展览的吸引力与感染力也将明显增强。

陈列展览是博物馆最重要的公共文化产品，为扩大陈列展览的社会影响力，推动博物馆展览的品牌宣传和推广，促进博物馆与所在城市普通民众、媒体机构、企事业单位建立和保持良好的合作关系，推出主题鲜明、形式新颖的高质量陈列展览是十分必要的。不仅如此，好的陈列展览还有助于广泛吸引社会各界对博物馆发展的支持，从而吸引更多的观众，更大范围传播博物馆文化，更好地发挥博物馆的社会作用。博物馆展览品牌的宣传推广，针对不同的对象，可以通过明星展品评选、会员考察调研、城市空间宣传、媒体及企业合作等途径来实现。传统的传输式展览并不善于推广与宣传工作，倾向于遵循"酒香不怕巷子深"的原则；而参与型展览则重视品牌宣传，博物馆亲近媒体，从而为展览吸引到多方关注。例如一些博物馆开展明星藏品、展品的观众评选活动；"南博之友"让教师会员走进南博考古工地亲身体验考古工作，积极开展会员考察调研；广东省博物馆在地铁站举办"海上丝绸之路"展，制作 3 辆地铁专列和 20 幅灯箱海报，跨越博物馆围墙，走入城市空间进行宣传，增加了影响力。

目前博物馆面临着观众群体日益扩大、社会影响日趋增强的社会现状。这对博物馆人来说是巨大的机遇，同时也是必须应对的挑战。参与型展览的开发可以更好地履行博物馆的传播与教育职能，在增强展览的专业性、知识性和趣味性的同时，满足多元观众群体的想象力和鉴赏力，不断提高博物馆的整体展览水平和展览效果。

2. 博物馆展览与博物馆使命——以故宫博物院实践为例

授课教师：单霁翔（中国），故宫博物院院长、高级建筑师、注册城市规划师

建院于 1925 年 10 月 10 日，拥有 92 年历史的故宫博物院是一个仍然年轻，并在不断成长的博物馆。如今，其馆藏中国文物藏品数量及规模、观众来访量均居于国内博物馆行业之首。2002 年，故宫博物院全年观众来访量首次突破 700 万人次；十年之后的 2012 年，这一数字增长至 1500 万人次，超

图 3-10　授课教师：单霁翔

过了大英博物馆与卢浮宫的观众来访量总和。故宫成为当今世界唯一一座全年接待观众人数超过 1000 万的博物馆，而这也带来了一定的压力与挑战。

对于博物馆而言，无限制的观众数量增长会使文化遗产疲劳、对其造成损害；而对于观众来说，拥挤的人群也会影响参观体验。故宫每日接待观众 8 万人次即达到饱和，如果多于这一人数，那么工作人员则需花费大量的时

间精力来维护参观秩序，防止拥挤推搡与踩踏，而这绝不是博物馆内应有的现象。因此，故宫力求平衡观众数量与参观质量之间的关系，从而改善现有状况。

那么出路在哪里呢？在于时间与空间的平衡。

从时间的角度来看，故宫观众来访量随季节而变化，旺季参观人数较多，尤其在暑假及公共节假日期间人数达到峰值，而淡季则人数较少。为了平衡观众人数的时间分布，故宫决定对观众采取限流分流的措施，每日接待观众不多于 8 万人次。在此基础上，故宫于 2014 年起开始提供网上预约购票服务，2017 年 10 月起取消了纸质票的普通售票窗口而实行全网购票，但保留了为需要特殊帮助的观众提供现场购票服务的窗口，在买票环节为观众省去排队时间，也为需求不同的观众提供有针对性的服务。

从空间的角度来看，解决故宫观众拥挤的另一个方法在于扩大开放面积，增加展厅展览文物。2012 年至 2017 年，故宫博物院的开放面积逐渐增加，达到了过去的两倍以上，观众不仅可以游览作为世界文化遗产的壮美古建筑群，更可以在不同展厅参观了解丰富的文物藏品。

故宫最具特色的展览为原状陈列。这种展览形式还原了文物数百年前应存在的位置及应有的作用，使文物与古建筑共同构成当年的情景与故事。故宫博物院始终保持并不断完善原状陈列展览，目前已有原状陈列展室 19 个。

除原状陈列外，故宫举办了数个专题展览，并拥有特定藏品类型的专题陈列馆，如武英殿书画馆、文华殿陶瓷馆、奉先殿钟表馆和慈宁宫雕塑馆等。未来，故宫将继续增加开放区和规划新展览。21 世纪初，故宫开放面积仅占总面积的 30%，2018 年故宫开放面积将达到其总面积的 80%，观众可以在古建筑群中参观超过 80 个丰富多彩的展览。除此之外，故宫还向观众开放佛堂以展示宗教文化，以及开放花园、城墙与以城门为基础的展厅。

目前，故宫已完成数个展厅的修缮与建设。曾经是非开放区的午门城楼及其雁翅楼，如今已成为 2800 平方米的现代化巨大展厅，来自世界各地的珍贵文物在此展出；端门城楼上设有数字博物馆，观众可以在此欣赏因场地限制或保护需要而无法展出的地毯、书法、绘画、织绣、器物等文物藏品，借助不同形式的原创数字技术与藏品及未开放建筑进行近距离的互动体验；东华门城楼也作为古建筑馆，保护展示木结构建筑相关的藏品，观众可近距离观察彩绘与建筑构造；沿城墙步行，观众可俯瞰紫禁城景观，走近精美的角楼，并观看介绍角楼木质结构的短片，更好地理解这一建筑搭建的过程；而宝蕴楼作为故宫博物院内唯一一座民国时期建成的大型建筑，在修缮完成后成了故宫博物院早期院史陈列馆。

2017 年，故宫博物院开始尝试举办现代艺术展览，并参加了第 57 届威尼斯双年展的"记忆与当代"中国主题平行展，国际社会反响热烈。

为了让更多人了解故宫的文化历史内涵，经过三年多的努力，故宫博物院加强了对互联网信息技术的开发与应用，建成了数字故宫设施。在公众教育与文化传播方面发挥了极大的作用。故宫的数字设施在全国范围内拥有首屈一指的技术水平，故宫也通过这些设施加强了与观众的互动交流，同时故宫还尝试通过举办网上展览展示故宫藏品，给予人们足不出户即可参观故宫的便利。新推出的"故宫展览"APP 是数字故宫与移动终端的结合，它使得人们通过手机可以直接参观了解故宫院内展览，如今它已经成为人们的"掌上故宫"。

故宫自主研发的文创产品则满足了人们"把故宫文化带回家"的愿望。故宫一直力求为观众提供多样化、舒适的参观享受，并为观众提供更加干净整洁的参观环境与充足的设施以便休息、购物。截至 2016 年年底，已完成 9170 种文创产品的研发和上市，具体包含丝绸、服饰、陶瓷、书画、木器、铜器、生活用品和图书影像资料等。

此外，故宫重视发挥作为博物馆的教育职能，为展览或专门主题开发了教育课程，充分挖掘展览与藏品的教育功能。故宫知识课堂广受观众欢迎，学生们在课堂中可以免费参与不同的传统文化实践活动，如串朝珠、绘龙袍、做堆绣、包粽子、制拓片等等，他们空手而来，满载而归。大量故宫博物院文创产品的营销收入被投入公共教育活动的研发与执行，形成了良性循环。故宫的部分古建筑在修缮完成后也被用于教育工作，更多的教室与班级则为更多的学生提供了学习场所与条件。

不断开放发展、自我完善的故宫正成为人们社会生活中的一片文化绿洲。故宫博物院的理想，就是将更加壮美的紫禁城完整地交给下一个 600 年。

3. 互动展览与展品设计——展览理论学习与中国科技馆互动展览设计

分享学员：赵洋（中国），中国科学技术馆古代科技展览部副主任

中国科学技术馆古代科技展览部副主任赵洋作为国际博协培训中心 2015 年春季培训班的学员，接受了由国内各大博物馆著名策展人以及世界各地博物馆界的专家所讲授的丰富的理论及实践课程培训。本期培训期间，他作为往期学员代表分享了展览理论学习与其工作内容相结合的经验。以下是他的分享内容：

图 3-11　分享学员：赵洋

当今博物馆为什么要做互动展览？用传播学的理论分析，展览是讲述故事的一种媒介，策展人应当思考怎样通过各式的媒体手段，更好地将信息传达出去。这不仅仅需要为观众提供视觉感受，还需要提供触觉、听觉、味觉、嗅觉的全方位体验，而这便是作为特殊展览门类的互动展览所能为观众提供的。在传统的艺术类及文化类博物馆中，展品大多是静态而不可触摸的，在这种情况下就非常需要明确互动展览及展品的作用。

展览策划过程中，为确保展览项目进展顺利，策展人需在展览设计之前

思考展览内容、地点、时间和人物（4W）。"内容"（what）指话题相关性，包括科学相关性、机构相关性、社会相关性和经济相关性。"地点"（where）指所选展览场地的相关性、展览媒介与所选环境的相关性、话题与所选环境的相关性，以及展览类型与所选环境的相关性。"时间"（when）要求博物馆制订详细的日程安排或提前启动筹备工作，包括展览推出的时机及工作流程，这通常涉及一系列任务。"人物"（who）指的是负责展览和展览内容的人员。要策划一个好的展览，这四项要点应相互配合，并在策展时首要考虑话题内容和选择该内容的原因，而话题也应该与科学知识、机构性质、环境和目标观众相关。

观众是博物馆的服务对象，博物馆的收藏、科研和教育等活动都是围绕着观众的需求展开的。展览的目标观众是展览从策展到设计执行的中心，好的展览能够服务于观众需求，成为社会教育、观众自主学习的重要手段。那么策展之前，还应该了解两种学习的途径：一是间接途径，即从包括书刊报纸、广播、电视、互联网和博物馆的静态陈列等在内的间接经验中学习；二是直接途径，即从包括各项知觉的亲身体会在内的直接经验中学习，这一途径给人以更深刻的印象。科技馆的教育理念是，让观众从互动展览中通过直接经验来学习科学概念与原理。丰富的互动展览既是科技馆与其他传统教育、传播机构及传统博物馆的最大区别，也是科技馆生存与发展的价值所在。

关于学习，还存在着情境认知与学习理论。这一理论提出：教育的关键之一是为学习者创设"实践场"，即为了达到一种学习目标进行"情景创造"而创设的功能性学习情境。相比纯粹地从老师到学生的单向授课，这种方式能够更好地帮助人们深刻理解知识和原理。要营造这一情境、优化观众的参观体验，需要不同展品之间、展品与辅助展示手段之间、展品与环境之间的协调合作。

以科技馆为例，"中国互联网 20 年展览"的设计过程中即引入了"情境创造"这个概念。互联网创新的核心要素是人际关系的改变。蒂姆·伯纳斯-

李发明万维网的初衷就在于他对于信息开放与共享理念的追求。随着互联网的发展，开放、协作、分享日益成为网民的主要行为特征，在互联网展览中让观众体验互联网协作精神也是应有之意。

协同与互动是网络世界的重要特质。目前中国科技馆中有一件互动展品叫"大家一起吃豆子"，观众可以多人协同操作完成经典的"吃豆人"电脑游戏。按"开始键"启动游戏后，上、下、左、右键对应四个运动方向。每个观众只能控制一个按键，观众可根据游戏情况进行方向键操作，相互配合完成游戏。"远程协同矩阵"模拟工作团队在未来协同工作环境下，如何提升跨区域协同工作效率、优化项目设计流程。观众可以通过展台上的触摸屏查阅展品中的"项目管理可视化模块"，也可以通过展台上的摄像头和鼠标与另一个展台前的观众实时进行远程通信，体验如何跨区域协同工作。

对于策划互动展览而言，在"情景创造"的基础上，以展品娱乐性增强观众参观黏性也是重要的方面。大多数观众利用闲暇时间观展，他们的目的兼顾学习与娱乐。这种学习与传统意义上的正规学习存在许多不同，它在很大程度上包括了寓学习于娱乐之中的成分。研究表明，如果在展览中引入游戏元素，将游戏的过程与展品展项蕴含的知识结合起来，同时利用游戏的情节激发参观者的兴趣，便能营造生动、轻松的学习环境和氛围，使观众在游戏过程中自发、自愿地进入学习状态。这一手段能提升观众参观体验，从而增强观众参观的积极性和主动性。

展览设计其实就是找出物品之间的联系，并以尽可能清晰合理的方式将这种联系传达给观众，因此设计师组织和处理物品的方式也会影响看展的观众。事实上，展览设计师的工作，就是将各个物品组合在一起，然后创造出一个意义——不一定是多么好的意义，但一定要是一个新的意义——一个能够体现所有这些物品内涵的意义。策展人想要观众获取的信息与观众实际获取到的信息，有时并不一致。因此，如果策展团队可以预先对展览内容或展览理念进行测试，或许就可以获得不同的阐释角度。

（四）藏品阅读

授课教师：克劳德·福贝尔（加拿大），博物馆顾问、国际博协培训中心协调人

藏品阅读课程于 2014 年春季班首次执行，本期为该课程第八次执行。本次课程仍甄选 7 件故宫博物院藏品。考虑到本次课程主题为"参与型展览开发"，藏品的选择围绕材质、品种展开，重点选取与人有密切联系的藏品，包括建筑构件、书画制品、生活用具等。本期课程选取的藏品为铜镀金戒盈持满、陈洪绶升庵簪

图 3-12　授课教师：克劳德·福贝尔

花图轴、红色牡丹纹闪缎夹狗衣、太和殿脊兽、牛角雕鱼式火药袋、铜镀金唾壶、皮胎红漆描金折枝花纹三连式冠架。每件藏品有 1-2 名保管员跟随管理并作为藏品顾问解答学员疑问。

课程包括教师授课、藏品阅读和学员展示三个环节。授课环节中，福贝尔先生分享了藏品阅读的方法和应注意的要点。他提醒学员认真观察藏品外观的细节，包括藏品的材质、工艺和装饰图案，因为通过外观可以推测出其制作年代、拥有者和功能。学员可以尝试通过观察、文化分析、背景调查和阐释等手段获得这些信息。

阅读环节要求学员自行选择一件藏品进行阅读，并据此分组。根据本期藏品件数，学员共分 7 组，在初步观察完藏品后，学员与藏品顾问交流藏品相关信息，并获得关于藏品各方面的确切答案和其他历史信息。展示环节则由各组学员自由编排，只要能充分展示他们通过阅读藏品而获得的信息即可。在这一环节，学员往往充满创造力，写写画画不在话下，还常常进行场景排演，非常有趣。本期选择的文物均很受学员欢迎，他们动手动脑，创意无限。对

图 3-13　授课专家讲解课程要点及活动方式

图 3-14　文物保管人员解答学员疑问

图 3-15　学员分组"阅读"藏品

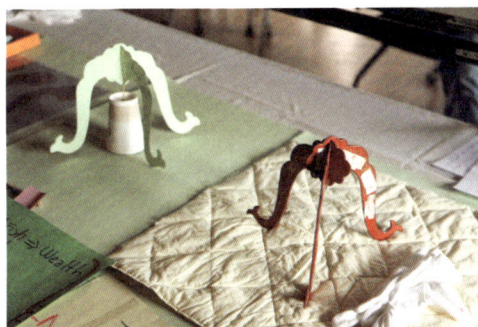

图 3-16　学员制作道具展示藏品"阅读"成果

于冠架，学员在故宫器物部专家的帮助下测量了冠架尺寸，现场制作纸质冠架，设计有趣的随展项目，并以幽默的方式演绎了冠架的进贡过程；铜镀金唾壶与金八件有关，学员则通过图画，将金八件组合与唾壶用直观生动的方式进行演绎；狗衣的设计非常巧妙，为了解释狗衣各个部分的设计思路，学

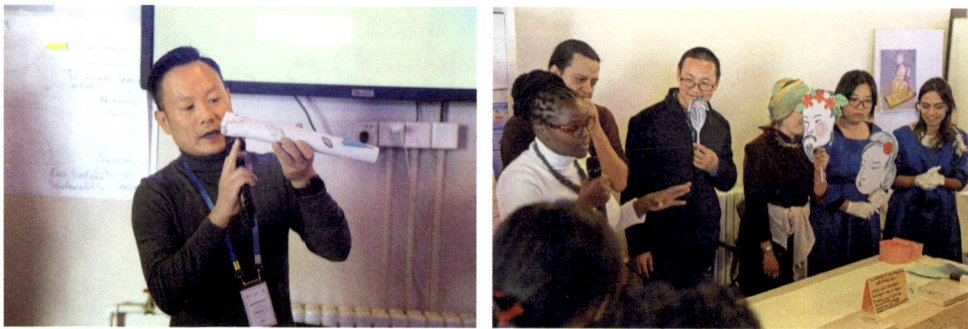

图 3-17　学员展示"阅读"成果

员们制作了纸质狗衣模型，将不同的功能模块以麻绳相连，轻松展示每一部分的大致形状和功能。

该课程参与性和互动性极强，是对本期主题"参与型展览"的极佳阐释。培训中心课程设计的关键词"前沿、互动、协作、实践"也深刻地体现在该课程的执行过程中。

（五）展示汇报技巧

授课教师：果美侠（中国），故宫博物院宣传教育部副主任、研究馆员
　　　　　克劳德·福贝尔（加拿大），博物馆顾问、国际博协培训中心协调人

此次展示汇报技巧课程在春季培训班的基础上再度开启。课程仍分为理论和实践两个环节。理论分享环节中，克劳德·福贝尔先生重点分享了 David JP Philips 的理论，指出幻灯片是展示汇报的核心工具，同时表示一个好的展示汇报不仅需要有适合的内容结构、完备的幻灯片、提前设定好的演讲方式，还需要多多练习，以保证汇报时各环节按计划顺利进行。

最近的研究显示，人们一般会在 30 秒之后遗忘其所听到信息的 90%。

图 3-18　授课教师：
果美侠

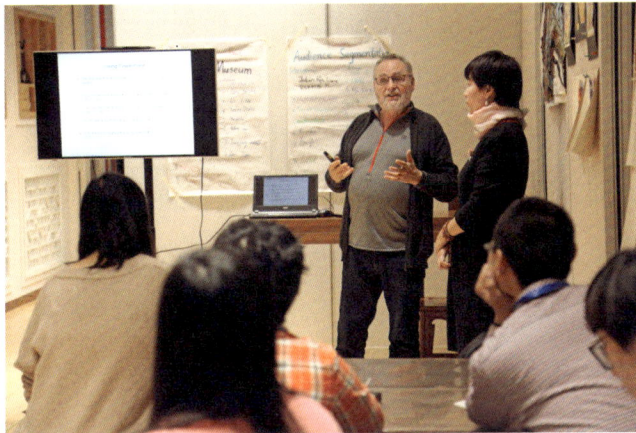

图 3-19　展示汇报环节教师授课

他们通常记住的是愉快或好笑的信息，或是他们真正感兴趣且熟悉的话题，又或是一些非常好看的人，不过最后这些信息的 90% 也都会被忘记。为了完成一个令人印象深刻的展示汇报，David JP Philips 给出了一些建议：汇报屏幕上同时出现的元素不应超过 6 个（包括文字、图片、数字等等）；为幻灯片选取整洁而暗色调的背景；在转到下一项内容时运用一些小技巧，例如即将谈到的部分高亮标出；一张幻灯片只提供一条信息，并通过图像对比和文字大小来吸引观众的注意力；在汇报人进行大段连续的演讲时，不应将文稿全部展示在幻灯片上；在展示汇报的结尾重申内容要点。展示汇报的"5-5-5"原则可以帮助汇报人挑选出重要的汇报内容，因此也非常有效：每个展示汇报利用 5 张幻灯片，每张幻灯片展示 5 行文字，每一行包含 5 个单词。

　　除以上"5-5-5"原则外，展示汇报时需提前设定好汇报目标，采用清晰的结构梳理汇报内容。专家们建议汇报可采用的安全结构是"总－分－总"，即在最开始告诉观众你汇报的主要内容，期间对一些必须解说的内容进行解释，展示汇报结束时再重复你的观点，让大家明确你汇报的主题和大致内容结构。具体来说：（1）开始展示汇报时，汇报人应面带微笑以示对观众的欢迎，可以先询问观众的想法，从而创造一个友好活跃的气氛。接下来，汇报人应向观众介绍即将展示的内容及其重要性，并使整个开场足够引人注目。（2）在展示汇报的过程中，由于时间有限，汇报人应概述论据及其来源并划出重点，也可以明确列出主要标题和必须用到的关键语句，并运用图表及趣闻轶事丰富汇报形式；不应准备过多的内容，以避免出现无休止的长篇大论。（3）在展示汇报的结尾，汇报人应对内容进行简略的总结，重申各要点，并减缓语速，再次以微笑感谢观众的倾听。好的展示汇报需要一个强有力的结尾，并应预留出一些时间以供观众提问，从而在回答中对汇报要点进行补充说明。

展示汇报利用的核心工具是幻灯片，但观众关注的重点是汇报人的演说内容，而非幻灯片，所以不应在幻灯片中呈现过多事物，汇报人也应与观众进行眼神交流，而非仅仅阅读幻灯片中的内容。幻灯片不等同于展示汇报，它只是一个辅助工具，其作用是帮助汇报人记住要点并把握时间，因此应非常简洁且具有易读性。除幻灯片之外，写着要点信息的小纸条也有同样的作用。

制作幻灯片时应该做到：无论中英文，均使用较大的字号；保持背景简洁；在恰当的时机运用动画效果；提供可视化信息。制作幻灯片时应避免：字体太小，导致汇报人和观众均难以辨认内容；使用复杂的背景及过多的动画效果，分散观众精力；连续多张幻灯片展示要点列表，视觉上毫无变化。

准备展示汇报的过程中存在一些常见错误。人们通常认为，完成幻灯片相当于完成展示汇报的准备，所以不会进行足够的预演，因此无法提前意识到汇报中准备了过多的材料与图表。在正式汇报展示的过程中，便可能会因语速太快而缺乏活力，或是因急于完成内容而无暇微笑，抑或是忘记与观众进行目光交流或重申要点，甚至可能始终坐或站在相同的位置。但是提前的预演练习就能极大降低以上情况发生的概率，从而有效提高展示汇报的质量。

理论学习需与实践练习紧密结合。在展示实践环节，学员按照专家的提

图 3-20　专家指导学员组织小组展示
汇报内容

图 3-21　学员小组讨论展示汇报内容

图 3-22　学员展示汇报

示，针对性地克服个人弱点，与团队成员紧密合作，高质量完成了小组展示汇报，不仅学以致用，也加深了对理论知识的理解。课程最终以专家点评各小组展演、学员总结技能学习成果与收获画上句号。

（六）展览案例展示与实践

1. 博物馆展览设计案例展示

培训开始前，即根据本环节需要请学员提交相关资料，具体要求为：以自己经历或策划过的最好的展览为案例，介绍其成功经验，总结梳理策划及落地中的困难或问题，同时写明相应的解决方案。

作业对该展示的篇幅、时间都有明确规定：学员制作的演示文稿为3至

图 3-23 学员分享展览案例

4 张，展示时间为 5 分钟。学员需要在这个非常短的演讲中介绍自己带来的博物馆展览设计案例，说明自己认为其成功的原因和策展中的困难和经验。该展示严格控制学员的文稿篇幅和演讲时间，目的在于避免学员的案例分享成为案例概述。学员需要提前对该案例最突出的特点进行整理和提炼，并进行一定的练习，才能更好地完成任务。

在案例展示环节，来自 18 个国家的 33 名学员分别对自己的博物馆展览案例进行分享。来自不同地域的学员们，带来的展览案例也分属不同的领域。通过该环节，学员不仅对自己的工作进行了总结、反思和展示汇报训练，而且还与同期学员增进了了解，加强了互动。

2. 展览设计与主题实践

博物馆展览是一门基于实践的学问，因此本期培训班非常重视培训中的实践环节，将其贯穿于所有的理论课程、案例分析之中，同时开设主题工作坊和博物馆展览主题参观课程，充分给予学员及时运用理论的实践机会。

本次主题工作坊分为两个小组，围绕不同主题展开学习讨论。保罗·奥尔塞利先生以"Pop-up Museum"为主题，带领一组学员了解 Pop-up Museum 的概念并尝试以生活中的简易物品策划布置一个 Pop-up Museum 展区。何什么要策划 Pop-up Museum？Pop-up Museum 提供了一种在

图 3-24　学员讨论策划 Pop-up Museum

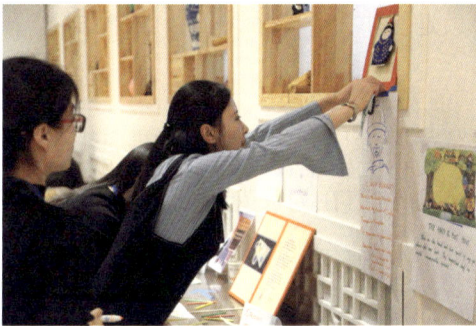

图 3-25　大家动手实现策划好的 Pop-up Museum

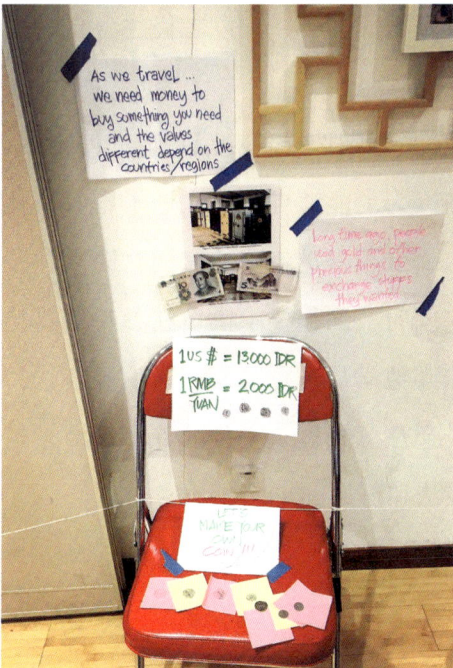

图 3-26　Pop-up Museum 一角

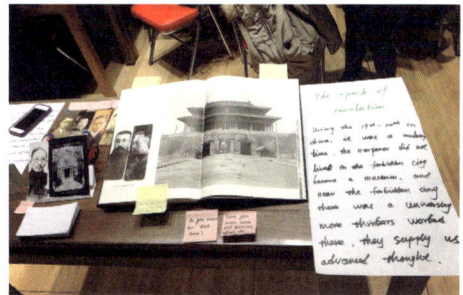

图 3-27　Pop-up Museum 的展品与说明牌

图 3-28　专家、学员参观完成的 Pop-up Museum

博物馆里展示挑战性事物的方法，如人们难以谈论的争议性话题。这类活动持续时间较短，博物馆可独立开展此类活动，也可以与社区合办（活动时间与地点由博物馆与社区沟通决定）。该小组的任务即就重要展品进行讨论，并考虑如何将展品与叙述联系起来，策划 Pop-up Museum；同时思考如何将市场营销、品牌推广、资金筹措及原型设计与展品和评估结合起来。该小组开发的 Pop-up Museum 试图通过情景创造引导观众联想自身经历。同时，该小组还尝试以如下两种方式将情景与叙述结合，并创造情景与人类情感的紧密联系：一是提供单向的重点叙述；二是提供一个整体框架，并在框架下补充细节。

露西马拉·雷特利尔女士则以"展览品牌推广与市场营销"为主题，带领另一组学员为展览设计市场营销方案。博物馆在为展览设计营销方案时，需要将目标观众分成不同的小组，再对每个小组的产品、价格、地点和宣传手段进行全面分析，最终找出展览、观众与博物馆品牌之间的关系。露西马拉提供了一些分析市场营销方案的秘诀。同时，她带来了来自各个民族、各个地区样式各异的帽子，学员根据各自偏好选择帽子，并以之衍生各自的副主题，分别进行营销方案策划。

博物馆参观环节也做出了新的尝试。学员分别选择各自感兴趣的博物馆，根据课堂所学的知识对馆内展览进行评估。为了能够更加深入地了解各类藏品的特点，培训班充分利用故宫资源优势，带领学员走进故宫文物医院，了解各类文物特性和文物修复的相关知识。同时，课程要求学员在参观博物馆时带着参观及评估中的问题回来与专家和其他学员进行分享和讨论。在这一环节，学员不仅尝试将理论转化为实践，还注意到展览工作的许多细节，这将为他们未来的策展工作提供有价值的想法和努力的方向。

图 3-29　专家讲授营销方案

图 3-30　专家指导学员分组讨论

图 3-31　学员分组展示营销方案

图 3-32　专家点评学员的精彩表现

图 3-33　学员参观故宫文物医院

三、培训特色

前沿、互动、协作与实践仍然是本期培训的关键词。结合展览主题，培训中心邀请了 8 位中外专家以互动和操作性极强的模式授课，通过培训中心藏品阅读、博物馆参观、展示汇报技巧等特色课程，将学员充分调动起来。

此外，本期培训新增往期学员分享环节。

受邀专家主要从博物馆品牌化、展览设计与开发、随展项目开发和展览评估等方面展开授课。他们凭借扎实的专业功底和丰富的实践经验，与学员分享了世界博物馆展览领域最为前沿的理论知识和各类实践案例。在培训中心协调人的帮助下，授课专家在课程筹备过程中保持良好的沟通，提前了解了彼此的授课内容，所以授课时做到了各有侧重，避免了培训课程的无效重复，提高了培训质量。博物馆策展从展览主题萌发到最后落地都有很强的实践性，因此专家紧扣工作中容易出现的问题和面临的挑战，带领学员在体验与实践中学习理论知识。课程互动性、参与性极强。

2017 年春季培训中推出的展示汇报技巧环节在本期培训中得以延续。专家们深入浅出地说明了展示汇报的要点，详尽地介绍了展示汇报需要注意的细节。学员们也即时于课堂上活学活用，通过实践加深对理论的理解。

博物馆参观环节有效提升了灵活性与针对性。往期博物馆参观目的地，由培训中心安排，本期采取了培训中心推荐，学员自主选择的方式。培训中心办公室提前向学员介绍北京市内不同领域规模的博物馆。专家在课程中提前布置任务，鼓励学员在参观中按图索骥，寻找课堂所学理论的实践案例，对案例做出评价并与同期学员分享讨论。新尝试收效甚佳，学员们不仅获得了令人满意的参观体验，还因针对性提高，获得了未来工作的借鉴。

图 3-34　培训班结业仪式

图 3-35　结业仪式上学员代表发言

图 3-36　学员获颁证书

　　鉴于此期为第二次展览主题培训，培训期间特意安排了往期学员分享环节，邀请参加第一次展览主题培训的学员代表与本期学员进行经验分享和交流。学员对于培训经历的定位和培训知识的运用，也因此而有了更深层次的认识。

　　本期培训不仅通过专家、工作人员的努力解决了一些问题，而且紧扣"展览"主题，适时作出合理的调整和新尝试，使得培训更加贴合学员需求，也为培训中心的进一步发展积累了经验。

四、附录

（一）藏品阅读课资料

1. 藏品清单

序号	藏品信息	序号	藏品信息
1	铜镀金戒盈持满 	2	陈洪绶升庵簪花图轴
3	红色牡丹纹闪缎夹狗衣 	4	太和殿脊兽

5	牛角雕鱼式火药袋	6	铜镀金唾壶
7	皮胎红漆描金折枝花纹三连式冠架		

2. 藏品背景知识

（1）-（4）详见第二章。

（5）牛角雕鱼式火药袋

牛角雕鱼式火药袋，清，长 13 厘米，清宫旧藏。

火药是中国古代四大发明之一，其发明后渐用于战争之中。使用火药的火器包括火箭、火铳和火炮等，分别通过火药的燃烧、爆炸作用及发射的弹丸进行杀伤和破坏。由于其造成的破坏远比传统兵器高，火器成为战争最主要的武器。

清朝自建立起，就十分重视军备武器。清朝皇帝康熙、乾隆均有多次带兵出征的记录，目的是为了展现清朝威风，展示其强大的军事实力。清军很早就注意到了火枪在战争中的巨大作用，所以非常重视对火枪的收藏，以作为其赫赫武功的见证。清前、中期，官兵使用的几乎都是火绳枪，火绳枪靠燃烧的火绳来点燃火药，产生爆炸，将弹射出。

火药是使用火器的必需品，因此亦必须要有一个承载火药的容器。火药袋是一种体型较小的容器，虽容量不大，但便于携带，可随时随地为火器补充火药。一般的军用火药袋对用料要求不高，但清宫中也收藏了一些名贵的火药袋，牛角雕刻者是其中之一。这件火药袋雕刻成鲶鱼形状，惟妙惟肖，蕴含着"年年有余"的吉祥寓意。

（6）铜镀金唾壶

按典制规定，清代帝后都有庞大的仪仗队。皇帝的仪仗叫"卤簿"，后妃的仪仗称"仪驾"。这些仪仗队伍中都有八件金器，统称金八件。金八件初为实用器皿，后逐渐演变成仪仗队伍中的固定法物，行进中随轿舆前后，陈设时则以皇帝升座处为中心，分左右置于托盘和方杌之上。

唾壶于明代已被皇家采用为卤簿仪驾仪仗的一部分。《清会典》记载，皇帝、皇太后、皇贵妃、贵妃、妃、皇太子等人的仪仗队内均包含唾壶。皇帝的金八件是龙纹龙饰，后妃的是凤纹凤饰。据记载，清代乾隆皇帝卤簿中的金八件为：两个金提炉，两个金香盒，一个金盥盆，一个金唾壶，两个金水瓶。这件唾壶为铜镀金材质，为皇帝大驾卤簿用具之一。器主体浑圆，盖顶立蟠龙，器表錾刻卷草、蕉叶、杂宝等纹饰，器足饰螭首，制作精美。

（7）皮胎红漆描金折枝花纹三连式冠架

冠架是一种摆在桌案上置放冠帽的支架，是贵族化的生活用品，珐琅、玉、瓷、漆、竹、木等材质皆有制作。宫廷御用的冠架大约始创于清雍正时期，乾隆年间的作品传世较多。

在皇帝、皇后的寝宫里都放置有冠架，往往材质不一，形制也很多样。

清代雍正、乾隆时期冠架多呈球状形制，一般包括冠伞、柱、底座等部分。嘉庆时期创制了帽筒，器呈圆柱形，并成为传统形制，一直延续到宣统时期。

清宫里常见的冠架一般是一个不可分割的整体，但这件冠架为三足漆器，以三片鱼尾形状的片状薄板相互拼嵌而成。三块薄板咬合时成为冠架，不用时则可以拆分成三片叠置收藏，适合运输、旅行、储存，灵活巧妙，操作简便。其器表髹朱红漆，并以金彩绘折枝花，既华丽异常又清新雅致，设计感十足。如此精巧的红漆冠架产自贵州。贵州虽然地处我国西南地区，但为明清漆器的重要产地，擅长以皮革为胎制作漆器。

（二）培训班通知

1. 国内通知

国际博物馆协会国际博物馆培训中心（ICOM-ITC）由故宫博物院与国际博协、国际博协中国国家委员会(中国博物馆协会)于2013年7月合作建立，地点设在故宫博物院，为国际博协唯一博物馆专业培训机构。ICOM-ITC 旨在依托国际博协优秀的专家资源，结合世界不同地区博物馆建设的理论与实践，向世界各地尤其是发展中国家博物馆从业人员，提供高质量的培训课程，推动博物馆领域的国际交流与合作。

ICOM-ITC 拥有组织国际培训的一整套完善体系。培训主题采用"4+1"循环模式，"4"是围绕博物馆管理、藏品、教育与展览依次展开的四个基本主题，"1"是基于世界博物馆发展前沿的特别主题。培训中心落成至今，已成功举办八期北京常规培训班和一期非洲特别培训班，学员覆盖亚、非、欧、拉丁美洲和大洋洲的 60 个国家和国内 21 个省市共 193 家机构。

ICOM-ITC 定于 2017 年 11 月举办第九期常规培训班，即 2017 年秋季培训班。培训班最多招收学员 35 名，其中中国学员为 15-18 名。现就中国学员报名有关事宜通知如下：

一、时间和地点

时间：2017年11月5日至14日（5日报到，15日离京）

地点：故宫博物院

二、培训主题与教学

1. 主题：博物馆参与型展览开发（Developing Engaging Museum Exhibitions）

2. 专题：博物馆品牌化、展览设计与开发、随展项目开发、展览评估等。

3. 教学：培训将通过专题讲座、分题研讨、案例展示、互动交流、教学实践、藏品阅读、业务考察和总结评估等环节实现（详细日程安排将于报名确认后另行通知）。培训教学的工作语言为英语。

三、授课教师

为本期培训班担纲授课的国内外知名专家有：国际博协主席苏埃·阿克索伊、美国资深展览设计专家保罗·奥尔塞利、巴西博物馆专家露西马拉·雷特利尔、加拿大博物馆顾问克劳德·福贝尔，国内相关领域的重要领导及知名专家。

四、报名须知

1. 报名条件

（1）为国际博协个人会员或所在单位为国际博协团体会员（会员申请方式请参阅 www.chinamuseum.org.cn 首页—协会公告—关于缴纳国际博协2017年会费的通知。详询中国博协秘书处，电话：010-64031809）；

（2）为博物馆在职人员并担任博物馆中层及以上管理职务；

（3）具备较为熟练的英语交流与表达能力；

（4）年龄在45周岁以下（年龄计算截止到2017年12月31日）；

参加培训的学员须能够完成培训前及培训期间的作业和阅读任务，并参与课后总结评估。

2. 报名材料

（1）报名登记表（附件一）；

（2）中英文简历（附件二、附件三）；

（3）个人陈述，500字以内。陈述内容包括申请本期培训班的理由及对培训的预期；

（4）馆方推荐信（附件四）。

以上报名材料缺一不可，须全部备齐后存放于单独文件夹中，并以压缩包形式发送。邮件主题及文件夹命名规则为"ICOM-ITC2017秋报名—机构名—姓名"，文件命名规则为"姓名—登记表/中文简历/英文简历/个人陈述/推荐信"。

3. 报名方式及截止日期

请有意者于2017年9月1日前将上述报名材料发送至培训中心官方邮箱：icomitc@163.com。

五、学员遴选

1. 遴选标准：原则上，每馆仅招收一名学员。培训中心将综合考虑报名先后顺序，从专业相关性、博物馆地域分布、博物馆多样性、英语水平等方面遴选学员。

2. 遴选流程：

（1）简历筛选：培训中心根据报名材料初选学员。报名截止后一周内，培训中心将邮件通知筛选结果。

（2）英文面试：主要考察报名人员英语水平及对本期主题的理解和认识。北京人员现场面试，外地人员网络面试。面试后一周内，培训中心将邮件通知面试结果。

六、培训费用

培训班不收取培训费，学员往返交通费由所在单位承担，培训期间食宿费由ICOM-ITC承担。

七、联系方式

报名或咨询，请联系故宫博物院：

谈瑶

电话：010-65214219

邮箱：icomitc@163.com

传真：010-65237344

Q Q：2059356869

附件 1：

国际博协培训中心 2017 年秋季培训班报名登记表

姓　　名		性　　别	
出生日期		民　　族	
单　　位		部　　门	
职　　务		职　　称	
固　　话		手　　机	
Email		是否为 ICOM 会员	
身份证号			
联系地址、邮编			
教育背景			
学术简历	（可附页）		
备　　注			

附件 2：

个人简历

基本信息

姓名：
性别：
出生年月：
民族：
工作单位：
职务：
联系电话：
通讯地址：
邮箱：

教育背景

（包括起止时间、就读学校、所学专业及所获学位等）

工作经历

（包括工作起止时间、工作单位及部门、担任职务、工作职责及工作成果等）

培训经历

（包括培训起止时间、培训机构、培训主题等）

获奖情况

（包括获奖时间、奖励名称、颁奖单位等）

学术成果

（包括已发表论文及著作、参加或主持过的科研项目等）

英语水平

（如 CET、TEM、雅思、托福等英语水平考试情况，英语培训经历，海外学习经历等）

附件 3：

Curriculum Vitae

Personal Information

Name:

Gender:

Date of birth:

Ethnic group:

Institution:

Department:

Position:

Telephone:

Address:

Email:

Education

(start and end dates, school, major, degree awarded, etc.)

Employment History

(start and end dates, institution, department, position, responsibilities, key achievements, etc.)

Training

(start and end dates, training institution, training content, etc.)

Awards and Honors

(date of the award/honor, name of the award/honor, name of the awarding institution, etc.)

Academic Achievements

(publications, research projects and your role in the projects, etc.)

English Proficiency

(eg: your performance in English proficiency tests, like CET, TEM, TOEFL and IELTS, and your English training experience, oversea education experience, etc.)

附件 4：

国际博协培训中心 2017 年秋季培训班
馆方推荐信

1．申请人姓名：　　　　　　　　　单位：

　　推荐人姓名：　　　　　　　　　职衔：

2．请您从工作态度、工作能力、工作成绩、专业知识和技能、沟通能力、团队协作能力等方面对申请人进行评价：

```



```

3．据您了解，申请人提交的报名材料是否真实可信？

　　□ 是　　　　　□ 否

4．您是否推荐申请人参加本期培训班？

　　□ 是　　　　　□ 否

推荐人签名：＿＿＿＿＿＿＿　　　　　日期：＿＿＿＿＿＿＿

（单位公章）

说明：请加盖公章后提交扫描件。

2. 国际博协通知

国际博协培训中心将于 2017 年 11 月 6 日至 14 日在中国北京举办新一期培训班。本期培训班的主题为"博物馆参与型展览开发"。

培训中，国际与中国杰出专家将基于博物馆的展览发展、观众评价和展览营销等主题开展讲座，并引导探索和分组讨论。培训内容还将涵盖当地博物馆参观，一次北京市内或市外的、较偏远的文化遗址全天考察。本次培训将优先招收来自新兴国家和亚太地区的国际博协会员。

国际博协、中国博协和故宫博物院将为学员提供两种奖学金：

全额奖学金包括学员往返经济舱机票和培训期间的当地食宿。国际博协会员体系规定的第二、三、四类国家的学员可优先获得该奖学金。

部分奖学金包括培训班期间的当地食宿。国际博协会员体系规定的第一类国家的学员有机会获得该奖学金。

国际博协或故宫博物院将为获得全额奖学金的学员预订机票。获得部分奖学金的学员需自行预订机票。签证费、保险及其他上述未提及的费用由学员自行承担。此次培训不收取报名费。

所有完整填写的申请表和所需文件必须在法国时间 2017 年 7 月 15 日（星期六）晚 12 点前提交。

申请条件：

（1）已连续两年缴纳国际博协会费（包含申请当年）或已缴纳申请当年会费；

（2）英语写作和口语表达流畅；

（3）在正规博物馆或公共机构担任中层管理职务；

（4）年龄在 45 周岁及以下（截至申请当年 12 月 31 日）。

申请者需承诺：

（1）完成培训前任务，包括阅读和作业；

（2）在培训班结束时和培训班结束数周或数月后参与培训班评估。

学员遴选将综合考虑学员性别比例及所在博物馆类型和规模。

为保证培训效果，培训班将人数控制在 35 人以内，其中约一半来自中国以外国家，并将优先考虑新兴国家或亚太地区申请者。

申请者需提交以下英文材料：

（1）申请人简历，包含培训经历、工作经历、出版物和当前工作职责（最多一页纸）；

（2）填写完整的申请表格（见附件）；

（3）自荐信；

（4）推荐信，由申请人所在机构负责人出具；

（5）护照首页复印件（注意：护照有效期须至少为 2018 年 10 月 18 日）。

附件：

国际博协培训中心 2017 年 4 月培训班申请表

请填写这张表单并提交，表单将会自动保存到国际博协总秘书处

截止日期：2017 年 7 月 15 日，星期六（法国时区）

* 为必填项

个人信息

姓 *

请填写您的姓，应与护照一致

_____

名 *

请填写您的名，应与护照一致

_____

出生日期 *

年年年年 − 月月 − 日日

_____

国籍 *

请填写您的国籍

_____

母语 *

请填写您的母语

_____

其他语言

_____

护照号码 *

仅供预定航班使用

_____

性别 *

_____

职业信息

机构 *

您目前所在的机构（博物馆、大学、政府部门等）

_____

您在所处机构的职位 *

_____

国际博协会员编号 *

请标注个人编号或机构编号

_____

国际博协会员注册时间 *

年年年年 – 月月 – 日日

_____

参加培训班的原因 *

请说明本期培训班与您职业发展规划的契合点及其可能对您履行目前工作职责的助益（300–500 字）

_____

联系方式

工作地址 *

请填写您所在机构的完整邮寄地址（街道、邮政编码、城市）

_____

国家 *

_____

电子邮箱 *

请填写您的工作或私人邮箱

_____

电话号码 *

请填写您的电话号码（座机或手机）及国家代码

_____

（三）教师简介

单霁翔（中国）

　　故宫博物院院长、高级建筑师、注册城市规划师

　　2012 年 1 月，任故宫博物院院长。为第十届、第十一届、第十二届全国政协委员，中国文物学会会长。

　　毕业于清华大学建筑学院城市规划与设计专业，师从两院院士吴良镛教授，获工学博士学位。被聘为北京大学、清华大学等高等院校兼职教授、博士生导师。2005 年 3 月，获美国规划协会"规划事业杰出人物奖"。2014 年 9 月，获国际文物修护学会"福布斯奖"。出版《文化遗产·思行文丛》等十余部专著，并发表百余篇学术论文。

关强（中国）

　　国家文物局党组成员、副局长

　　1985 年北京大学考古系本科毕业，1988 年吉林大学考古系硕士毕业。1988 年 7 月进入故宫博物院陈列部工作。工作期间，曾在北京语言学院出国部参加英语学习，并赴埃及开罗大学考古学院学习深造。1993 年至 1996 年，借调至国家文物局文物二处工作。

　　1997 年调至国家文物局，历任文物保护司考古管理处副处长、处长、副司长，办公室副主任等。2009 年 4 月出任国家文物局文物保护与考古司（世界文化遗产司）司长。2015 年 12 月起任国家文物局党组成员、副局长，分管博物馆与社会文物司（科技司）、北京鲁迅博物馆（北京新文化运动纪念馆）、文物出版社和中国文物交流中心等。

　　长期从事博物馆及文化遗产保护管理工作，曾发表《"河套地区"新石

器时代遗存的研究》《街区保护是一种理念上的突破》等学术文章。

孙淼（中国）

故宫博物院展览部副主任、副研究馆员

2004 年进入故宫博物院工作至今，主要从事展览陈列设计。曾主持策划《兰亭特展》《明永乐宣德文物特展》《汉魏碑刻特展》和《盛世文治——清宫典籍文化展》等多项展览。

2006 年在职考入中国艺术研究院研究生院，2009 年获得文学博士学位（设计历史及理论方向）。2007 年参与大英博物馆短期培训项目，学习英国展览领域的先进经验。2012 年获得利荣森交流计划资助，赴美国弗利尔美术馆进行为期四个月的访问交流。

曾于《故宫博物院院刊》《紫禁城》《室内设计与装修》《照明设计》和《中国博物馆》等期刊发表多篇文章，主要讲述自己对于当代博物馆的思考以及设计实践中的心得体会。

果美侠（中国）

故宫博物院宣传教育部副主任、研究馆员

毕业于首都师范大学历史学专业，获得硕士学位，目前博士在读。2003 年进入故宫博物院宣传教育部工作至今。2014 年参加美国盖蒂领导力培训，并以相应理论指导工作实践。

主要从事博物馆展览宣传、教育策划、博物馆志愿者管理和国际博协培训中心博物馆专业培训工作。有丰富的博物馆教育策划与执行经验，与团队共同开发的教育活动受到各年龄层观众的欢迎，将故宫教育工作带入全新局面。

主要研究方向为博物馆教育和中国古代文化史，先后发表了关于大都会博物馆教育情况、馆校合作、儿童教育、教育策划、志愿者管理等博物馆教育管理与实践文章；编撰出版多个博物馆教育读本；文化史方面发表陶瓷纹饰考证、中国宫廷传教士服饰、清宫西洋画家选派等研究文章。

苏埃·阿克索伊（Suay Aksoy，土耳其）
　　国际博协主席

拥有经济学、博物馆学、政治学专业背景。2010 年至 2014 年任国际博协城市博物馆委员会主席，2013 年至 2016 年任国际博协咨询委员会主席。2016 年至今任国际博协主席。

2001 年至 2008 年任土耳其历史基金会多个博物馆项目负责人，并连任该基金会副主席及董事会成员。2010 年，伊斯坦布尔被指定为"欧洲文化之都"期间，任该活动文化遗产与博物馆事务处主任，负责土耳其博物馆复兴的模式提议、托普卡帕宫皇家庭院的战略前景报告等主要项目。创立土耳其博物馆专业人员协会，并于 2011 年至 2013 年期间担任首任主席。

现为土耳其历史基金会受托人。同时，在米马尔希南建筑艺术大学和伊斯坦布尔海峡大学分别教授本科及研究生博物馆管理和文化遗产课程。

克劳德·福贝尔（Claude Faubert，加拿大）
　　博物馆顾问、国际博协培训中心协调人

2001 年至 2011 年，担任加拿大最大、综合性最强的科技博物馆——加拿大科技博物馆馆长。2011 年至 2015 年，担任该馆收藏与研究副主席。

2007 年至 2013 年，担任国际博协执委。2013 年起，担任国际博协培训中心项目协调人。

现为博物馆顾问，提供科技博物馆、文化遗产及博物馆培训方面的专业咨询，同时担任英联邦博物馆协会董事会成员和国际博协科技馆专业委员会投票委员。

露西马拉·雷特利尔（Lucimara Letelier，巴西）
国际博协市场营销与公共关系委员会委员

获美国波士顿大学艺术管理硕士学位，巴西埃斯科拉传播与营销高级学院圣保罗分校市场营销与通讯学士学位。在里约热内卢的坎第多·曼德斯大学教授 MBA 博物馆管理（博物馆品牌推广与市场营销）和艺术管理课程。

在博物馆及非营利艺术机构的市场营销、募捐筹款、交流活动等方面已有 18 年工作经验。创办 Artefoco 文化艺术管理咨询公司，该公司的发展部署部门是巴西各艺术文化组织同类部门的先驱。

2012 年至 2017 年 6 月，担任英国文化教育协会巴西站艺术部副主任及"博物馆改造"项目协调人。与英国管理中心咨询公司合作，创立该公司巴西分部，为 26 家非营利组织艺术项目和社会项目提供募款、营销、传播等方面战略规划。曾参与英格兰国家艺术筹款活动，成为 2010 年国际金融公司国际筹款大会（荷兰）、2012 年国际博物馆交流大会（纽约大都会博物馆）首位巴西发言人。现任国际博协市场营销与公共关系委员会委员、国际博协巴西分会董事会成员。

保罗·奥尔塞利（Paul Orselli，美国）
保罗·奥尔塞利工作室总裁

从业三十五年来致力于打造创新有趣的博物馆及展览项目。创立个人名下展览设计与开发公司——保罗·奥尔塞利工作室（Pow！），并担任总裁兼首席执行官。为北美、欧洲、非洲和中东等地的众多博物馆提供项目咨询服务，拥有包括纽约科学馆、探索博物馆、美国国家科学基金会和伦敦科学计划等知名机构在内的众多客户。曾在多所大学讲授博物馆主题课程，多次出席北美和欧洲的博物馆专业会议。

发起美国科技馆协会（ASTC）的畅销书《展览手册》（*Exhibit Cheapbooks*）编撰项目，并担任编辑。现任美国博物馆联盟展览专委会（NAME）董事会成员。

（四）学员名录

序号	姓名	省市	性别	单位	职务
1	陈雨蕉	北京	女	首都博物馆	宣教部副主任
2	褚 楚	广西	女	广西民族博物馆	陈列部副主任
3	丁 宁	广东	女	广东省博物馆	自然部策展人
4	杜希来	北京	女	保利艺术博物馆	展览部策展人
5	郭喜锋	山西	女	山西博物院	发展部副主任
6	李怀玉	北京	男	故宫博物院	展览部策展人
7	李丽娜	河南	女	河南大学 （河南大学文物馆）	历史文化学院 副教授（副馆长）
8	刘智锋	湖南	男	湖南省博物馆	办公室副主任
9	龙金晶	北京	女	中国科学技术馆	资源管理部副主任
10	罗吉华	北京	女	民族文化宫博物馆	馆长助理兼陈列 研究部主任
11	马向芳	河南	女	汤阴县岳飞纪念馆	副馆长
12	孟 倩	安徽	女	安徽博物院	策划交流部策展人
13	汤莹莹	上海	女	上海交通大学 李政道图书馆	助理馆员
14	田 丹	北京	女	北京鲁迅博物馆	新文化运动研究室
15	郁镇宇	上海	男	世博会博物馆	副馆长
16	周婧景	上海	女	复旦大学	文物与博物馆学系

序号	姓名	国籍	性别	单位	职务
17	Aynur Mamedova	阿塞拜疆	女	阿塞拜疆地毯博物馆	博物馆发展高级专员
18	Barbara Rezar Grilc	斯洛文尼亚	女	斯洛文尼亚技术博物馆	策展人
19	Cesar Ramiro Garcia Garcia	危地马拉	男	国际社会和解研究所	展览部主任
20	Detty Fitriany	印度尼西亚	女	万隆技术学院	展览设计讲师 展览设计师
21	Ghilraen Laue	南非	女	纳塔尔省夸祖鲁博物馆	策展人
22	Julian Emiro Roa Triana	哥伦比亚	男	哥伦比亚国家博物馆	策展顾问
23	Kanfido Brice Levis Lankoande	布基纳法索	男	布基纳法索国家博物馆	策展人
24	Kiyoko Nishi	日本	女	日本博物馆协会	研究员
25	Kwon Nam Young	韩国	女	文化遗产研究院	研究员
26	Maggie Katongo	赞比亚	女	利文斯顿博物馆	助理保管员
27	Negar Sagharichi	伊朗	女	马利克国家图书馆 和博物馆	展览部主任
28	Ovgu Saime Sahin	土耳其	女	博鲁桑当代艺术馆	藏品运营专员
29	Rebecca Njeri Gachihi	肯尼亚	女	肯尼亚国家博物馆	项目经理
30	Renata Mikalajunaite	立陶宛	女	考纳斯 M.K. Čiurlionis 国家美术馆	历史总统府 分馆馆长
31	Serob Hunanyan	亚美尼亚	男	亚美尼亚文化部	首席专家
32	Suresh Man Lakhe	尼泊尔	男	帕坦博物馆发展委员会	馆员
33	Vuong Le My Hoc	越南	女	越南美术馆	展览教育部

（五）问卷评估

调查问卷——国际博协培训中心 2017 年 11 月培训班

一、背景信息

1. 您所在博物馆属于何种类型？

按管理类型划分：

❏ 博物馆协会	❏ 私人博物馆	❏ 县级博物馆
❏ 省级博物馆	❏ 基金会或社团	❏ 地区博物馆
❏ 市级博物馆	❏ 大学博物馆	❏ 国家博物馆

❏ 其他：＿＿＿＿＿＿＿＿

按藏品类型划分：

❏ 农业／农村文化遗产	❏ 航海
❏ 实用艺术	❏ 医药
❏ 考古	❏ 军事史
❏ 建筑	❏ 现当代艺术
❏ 儿童博物馆	❏ 货币和银行业
❏ 服饰	❏ 装饰艺术／设计
❏ 乐器	❏ 自然史
❏ 生态博物馆	❏ 表演艺术
❏ 教育	❏ 摄影
❏ 民族学	❏ 地区／地方藏品
❏ 美术	❏ 科技
❏ 古建	❏ 雕塑
❏ 历史	❏ 交通
❏ 工业文化遗产	❏ 其他：＿＿＿＿＿＿＿

❑　文学

2. 您所在博物馆位于哪个国家?

_____

_____

3. 以下哪项最能准确描述您在博物馆的工作?

❑　管理　　　❑　公众项目设计　　❑　观众服务

❑　策展　　　❑　藏品保管　　　　❑　博物馆学

❑　市场推广／对外联络　　　　　　❑　其他：_____

4. 您在当前职位的工作年限为多少年?

❑　1 年或不足 1 年　　❑　1-2 年　　❑　2-6 年

❑　6-10 年　　　　　　❑　10-20 年　❑　20 年以上

5. 您在博物馆、档案馆或文化遗产领域的工作年限为多少年?

❑　1 年或不足 1 年　　❑　1-2 年　　❑　2-6 年

❑　6-10 年　　　　　　❑　10-20 年　❑　20 年以上

6. 请注明您的正规教育文凭：

❑　本科：_____

❑　研究生（请详细说明）：_____

❑　行业证书：_____

❑　其他：_____

研究领域：_____

7. 您之前是否参加过博物馆培训?

❑　是　　　　❑　否

如果是的话，您上过几节培训课程?

❑　1-2 节　　❑　3-5 节　　❑　6 节及以上　　❑　不适用

二、培训课程与形式

8. 请评价课程的效果和准确度：

课程 ＼ 评价		非常好	好	一般	较差	不好
博物馆展览与博物馆使命——以故宫博物院实践为例（单霁翔）						
中国博物馆展览与公众参与（关强）						
国际博协概况（苏埃·阿克索伊）						
露西马拉·雷特利尔	博物馆展览与品牌推广 I					
	博物馆展览与品牌推广 II					
保罗·奥尔塞利	展览开发 I					
	展览开发 II					
	展览评估					
藏品阅读（克劳德·福贝尔）						
互动与空间（孙淼）						

9. 请评价各环节效果：

环节 ＼ 评价	非常好	好	一般	较差	不好
展示汇报					
展示汇报技巧（只针对中国学员）					
分组讨论与合作					
主题工作坊					
博物馆考察					
参观考察					
参观故宫博物院					

10. 请根据以下几方面评价本次培训：

评价 方面	超出期望	达到期望	某些方面达到期望	未达到期望
提供新视角或新观念				
提供具体实用信息				
内容设计的明晰度				

11. 本期培训班中，您最喜欢哪个环节？请解释原因。

_____

_____

_____

12. 本期培训班中，您最不喜欢哪个环节？请解释原因。

_____

_____

_____

13. 您认为本期培训班的英文讲座是否容易理解？

　　❑　是　　　　　　❑　一般　　　　　　❑　否

　　如果否，原因是

　　❑　文化或机构差异　　　　　❑　英语熟练程度

　　❑　英语口音　　　　　　　　❑　其他：_____

14. 您认为本期培训班的中文讲座是否容易理解？（仅由国际学员回答）

　　❑　是　　　　　　❑　一般　　　　　　❑　否

　　如果否，原因是

　　❑　文化或机构差异　　　　　❑　同传太快或不清楚

　　❑　其他：_____

15. 您认为同传是否能够有效帮助您理解中文讲座？

❐　是　　　　　❐　一般　　　　　❐　否

16. 您与专家、其他学员和工作人员的沟通交流如何？

❐　非常好　　　　❐　好　　　　　❐　一般

❐　较差　　　　❐　不好

17. 哪些因素影响了您与专家、其他学员和工作人员的交流？

❐　文化或机构差异　　❐　对术语的不同理解

❐　英语熟练程度　　❐　英语口音　　　　❐　时间不足

❐　彼此不熟悉　　　❐　其他：＿＿＿＿＿＿＿

18. 您认为本期培训班有哪些优势和挑战？

优势：＿＿＿＿＿＿＿＿＿＿＿＿＿＿＿＿＿＿＿＿＿＿＿＿＿＿＿

＿＿＿＿＿＿＿＿＿＿＿＿＿＿＿＿＿＿＿＿＿＿＿＿＿＿＿＿＿＿＿＿

挑战：＿＿＿＿＿＿＿＿＿＿＿＿＿＿＿＿＿＿＿＿＿＿＿＿＿＿＿

＿＿＿＿＿＿＿＿＿＿＿＿＿＿＿＿＿＿＿＿＿＿＿＿＿＿＿＿＿＿＿＿

三、培训班组织

19. 您是通过哪种途径了解到本期培训班的？

❐　宣传册或海报　　❐　口头宣传　　　❐　其他：＿＿＿＿＿＿

❐　网络　　　　❐　通讯或出版物

20. 本期培训班是否与您此前看到或听到的描述相符？

❐　是　　　　　❐　否

如果否，请解释原因：

＿＿＿＿＿＿＿＿＿＿＿＿＿＿＿＿＿＿＿＿＿＿＿＿＿＿＿＿＿＿＿＿

＿＿＿＿＿＿＿＿＿＿＿＿＿＿＿＿＿＿＿＿＿＿＿＿＿＿＿＿＿＿＿＿

21. 您认为本期培训班的日程安排是否合理？

❐　是　　　　　❐　否

如果否，请解释原因：

_____

_____

_____

22. 您认为培训前一天的见面会，在加强专家、学员和工作人员熟悉度方面效果如何？

    ❐ 超出期望　　　　　　❐ 达到期望

    ❐ 某些方面达到期望　　❐ 未达到期望

23. 您认为培训班会务手册在提供必要信息方面的效果如何？

    ❐ 超出期望　　　　　　❐ 达到期望

    ❐ 某些方面达到期望　　❐ 未达到期望

24. 请评价以下辅助设施：

评价 辅助设施	非常好	好	一般	较差	不好
教室设施					
茶歇					
餐饮					
酒店房间					
酒店服务					

四、培训班后续

25. 您是否会将该培训班推荐给同事或朋友？

    ❐ 是　　　　　　❐ 否

26. 您是否愿意在一年或几年后再次对培训班进行评估？

    ❐ 是　　　　　　❐ 否

27. 您认为我们应该对培训班做出哪些改变？

_____

_____

_____

28. 请在此写下您的其他评论或建议。

_____

_____

_____

29. 您认为汇报展示环节如何？是否有趣？是否有用？

_____

_____

_____

30. 下届培训班将在 2018 年 4 月开展，主题为"博物馆管理"。您认为以"博物馆管理"为主题的培训班应涉及哪些话题？

_____

_____

_____

问卷分析

问卷内容分四个版块：学员背景信息、培训课程与形式、培训班组织和培训班后续工作。本期培训班共发放问卷 33 份，回收问卷 33 份。

本期培训班招收的学员均拥有丰富的文博行业实战经验，学员队伍的构成国际化、多样化、专业化，学员所属机构分布合理。大部分学员在博物馆、档案馆或文化遗产领域工作了 2 至 20 年不等，并在当前职位工作了 2 至 10 年之久。绝大部分学员此前参加过博物馆学相关的培训课程，在文博行业拥有自己的专业研究领域。

学员普遍认为本期培训满足了他们对培训班的期望，课程视角新颖、提供的信息实用、内容明确，专家团队国际化且专业博学，与学员之间交流顺畅，培训中心所依托的主办机构国际博协、中国博协和故宫博物院资源丰富、平台优质。

专家克劳德·福贝尔所教授的藏品阅读课是本期最受好评的课程；展示汇报、主题工作坊和专家面对面环节极具互动性，将理论与实践结合，同时紧密联系大家的工作实际，因此也备受学员赞誉。

由于专家、学员的英文存在口音，不同国家之间也有在文化差异，加之英语不是母语的学员，英语熟练程度参差不齐，对专业术语的理解定位有所不同，学员、专家与工作人员之间的交流存在一定障碍。然而经过培训主办方和学员们的共同努力，所有学员认为中文讲座及英文讲座都简单易懂、清晰明了；经同传翻译后，学员对中文讲座的理解准确；学员与专家、工作人员以及其他学员之间的沟通交流也十分顺畅。

学员认为本次培训课程内容专业、提供的理论先进、交流活动形式多样。大部分学员认为培训班课程安排合理，尤其是小型见面会上的破冰环节能使学员快速认识并熟悉彼此。

学员还向培训中心提出了丰富的建议，例如：部分学员希望在展示汇报环节得到专家更多、更直接的反馈信息；部分学员希望培训中心能举办往期学员可以参与的活动，在培训结束后 3 至 5 年相聚于某个往期学员所在博物馆；也有学员提出可合理延长博物馆参观环节的时间；还有部分学员希望培训班总时长可延长至 15 天以获得更多知识和交流机会。这些建议都充分说明了培训班对于学员的助益和学员对培训班的肯定。

总之，本期培训班在提供个人业务学习和专业研究方面均得到了学员的积极评价，并在提供博物馆展览新想法、实用信息、培训班服务等具体方面达到了学员的预期。所有学员都认为会务手册信息有效、辅助设施完善，并非常愿意向朋友或同事推荐本培训。然而，培训中心的长远发展仍需培训中心主办方、专家、工作人员的持续努力。学员提出的许多建议已被纳入培训中心的工作中，期待促进培训中心的不断完善和发展。

|第四章|

会议与汇报

　　国际博物馆协会国际博物馆培训中心章程规定，培训中心由管理委员会（后简称"管委会"）统筹，执行委员会（后简称"执委会"）管理，学术委员会和办公室具体运行。作为培训中心的最高决策机构，管委会每年召开一次会议，指导和监督培训中心工作、制定培训中心发展的战略规划。执委会在管委会的授权下执行培训中心工作计划，每年召开1至2次会议以保证培训中心有效运行。学术委员会是培训中心的专家团队，直接参与培训项目规划、课程设置、国际学员遴选和教师邀请。学术委员会成员主要以邮件形式沟通，在可能的情况下每年召开1次会议以保证培训项目的高质量、高标准执行。此外，作为国际博协在世界范围内唯一的培训机构，培训中心每年均于国际博协执委会和咨询委员会会议上做工作汇报，以便各位委员了解培训中心的工作并提出建议和意见。

　　2017年，培训中心召开了第四次管委会会议、年度执委会会议和第二届学术委员会第一次会议，并完成在国际博协执委会第135和136次会议及第83次咨询委员会会议上的工作报告。会议情况与汇报内容概述如下：

一、培训中心第四次管委会会议

（一）会议时间、地点及出席人员

　　培训中心第四次管委会会议于2017年6月10日在国际博协总部办公室召开。与会人员[1]有：

1　本章各委员会成员、会议参与人职务均为其时任职务。

现任执委会成员：

苏埃·阿克索伊（Suay Aksoy），国际博协主席；

彼得·凯勒（Peter Keller），国际博协总干事；

关强，国际博协中国国家委员会主席；

闫宏斌，故宫博物院宣教部主任（故宫博物院院长单霁翔代表）；

青木保（Tamotsu Aoki），国际博协日本国家委员会主席；

亚历克·科尔斯（Alec Coles），国际博协澳大利亚国家委员会主席代表；

戈兰卡·霍尔安（Goranka Horjan），国际博物馆协会东南欧地区联盟主席；

达科·巴比克（Darko Babic），国际博协人员培训委员会主席；

范雪纯，故宫博物院宣教部公众教育科副科长（国际博协培训中心主任宋纪蓉代表）；

弗朗斯·戴马雷（France Desmarais），国际博协项目部主管。

缺席人员：

裴基同（Ki-Dong Bae），国际博协韩国国家委员会主席，国际博协亚太地区联盟主席；

阿德迪兰·纳塔梅奥（Adediran Nathmayo），国际博协非洲博物馆协会主席；

谢赫·哈桑·宾·穆罕默德·宾·阿里·阿尔萨尼（H. E. Sheikh Hassan Bin Mohamed Bin Ali AL-THANI），国际博协阿拉伯地区协会主席；

塞缪尔·费尔南多·弗朗哥·阿尔克（Samuel Fernando Franco Arce），国际博协拉丁美洲及加勒比海地区国家联盟主席；

芙勒·布拉赫托（Fleur Braghetto），国际博协公关部主管。

其他与会成员：

安来顺，国际博协执行委员会副主席；

汉斯-马丁·辛兹（Hans-Martin Hinz），国际博协学术委员会主席；

克劳德·福贝尔（Claude Faubert），国际博协培训中心协调人；

杨希彦，国际博协中国国家委员会办公室秘书。

（二）会议议程

1. 议程批准

2. 培训中心工作报告（2016 年 7 月 – 2017 年 6 月）

3. 培训中心章程审议

4. 学术委员会报告

5. 下次管委会会议日期

6. 其余事项

（三）会议主要内容

1. 议程批准

与会人员阅读议程，并全体通过本次会议议程。

2. 培训中心工作报告（2016 年 7 月 – 2017 年 6 月）

汇报人：范雪纯

自 2016 年第三次管委会召开以来，国际博协培训中心已经完成了两期培训班的举办。第七期培训班于 2016 年 11 月 6 日至 15 日在北京故宫博物院举办，培训主题为"藏品与故事讲述"。第八期培训班于 2017 年 4 月 2 日至 11 日举办，培训主题为"我们的博物馆：丰富全龄段观众体验"。两期培训班共招收学员 62 人，其中一半来自中国不同地区，另一半则来自非洲、欧洲、拉丁美洲、大洋洲和亚洲的 22 个国家。

来自法国、加拿大、荷兰、美国、英国、新加坡和中国的专家们就不同主题进行了讲授。与此同时，培训项目中还包含诸如分题研讨、文物阅读鉴赏能力培养、博物馆参观、主题训练以及与对话等内容。这些课程受到了学员们的喜爱，尤其是分题研讨得到了学员们非常积极的反馈。

在即将到来的日子里，培训中心还将继续组织两期培训班。第九期培训班计划于 2017 年 11 月 5 日至 14 日举办，第十期培训班计划于 2018 年 4 月开始。

国际博协培训中心 2017 年年度执委会会议中，我们曾针对拓展培训中心活动范围的方法展开了热烈的讨论。此次会议为培训中心未来的工作提出以下几点建议，并希望可以得到管委会的批准以及学术委员会的支持。

首先，过去的一年半中，在中国高科技公司的赞助下，国际博协中国国家委员会为培训中心开发了远程教学平台。这个系统可以通过音频、视频、文字和幻灯片等多种形式在网络上分享培训中心培训班的相关内容。该系统已经在 2017 年 4 月举行的培训班中进行了测试，期待在 2018 年的培训中能发挥作用。同时，培训中心办公室也将与国际博协巴黎总部沟通一些还未解决的技术问题以及可能引起的知识产权争议。

其次，为了拓展培训中心在中国的影响范围，并为培训班学员提供更多学习机会，建议将每年其中一期培训放到北京以外的中国城市。这一决策很可能在 2018 年试运行。

第三，为了建设一个"国际博协培训中心线上阅览室"，培训中心将尝试每两至三个月邀请来自世界各地的博物馆从业人员来到中国就培训中心学术委员会提出的话题进行主题讲座。除了每年两期的常规培训，这些讲座也将通过网络与博协会员乃至社会公众分享。

最后，培训中心办公室计划每三年将培训资料进行汇编并将其在线上与国际博协会员分享。通过这种方式，更多会员将受益于我们的培训，培训成果也将得以妥善保存。

3. 培训中心章程审议

由于会议决议需要一定数量的委员会成员表决，而会议却难以保证每次都有法定人数参与，这种情况已给国际博协培训中心决策落实和方案制定造成了困扰。因此，管委会主席苏埃·阿克索伊女士邀请管委会成员重新审议国际博协培训中心的章程。

章程在组织架构、执行委员会、学术委员会和办公室方面都有一些问题，其中有一些已得到附议并进行修正，具体情况如下：

（1）组织架构

关于管委会的组成，主席苏埃·阿克索伊女士建议地区联盟实行主席轮换制度。此外，她还提出以下建议：学术委员会主席汉斯－马丁·辛兹先生应在管委会中担任终身当然委员一职；国际博协总干事需同时属于执委会和管委会体系；简化国际博协培训中心的决策机制。

关于管委会会议和法定人数，主席苏埃·阿克索伊女士建议将管委会举行会议的周期从每年"至少一次"改为每年"一次"，通过决议所需的委员法定人数则减少至七名。同时，会议明确了国际博协主席也是国际博协培训中心管委会主席这一事实。

（2）执行委员会

执行委员会应囊括国际博协中国国家委员会，故宫博物院和国际博协办公室三方成员。规定应明确国际博协培训中心的主任由故宫博物院任命。

（3）学术委员会

学术委员会的组成略有调整。每年，学术委员会主席应向管委会报告培训中心最近一期培训的情况，并介绍下一期培训的计划。

4. 学术委员会报告

汇报人：汉斯－马丁·辛兹

现任学术委员会成员由国际博协主席苏埃·阿克索伊女士于 2017 年 2 月 10 日任命。来自中国、韩国、澳大利亚、日本和国际博协人员培训委员会、国际博协教育委员会以及国际博协博物馆学委员会的成员于 6 月 6 日应邀在巴黎召开会议。

会议期间讨论并得到以下决议：常规培训班的举办地点可包含中国各省，不局限于北京；由于行政管理方面的原因，中国境外的培训班需要专门的赞助商；培训班的主题将继续保持"4+1"循环。有关赞助伦理与可持续性项目的问题也将纳入主题；主题选择过程可以向培训班学员公开；寻找有效途径加强培训中心学员结业证书与职业发展的联系。

此外，会议决定将于明年（2018 年）6 月举行下一次学术委员会会议，以保证学术委员会的有效运行。

5. 下次管委会会议日期

各方同意将在明年 6 月会议（6 日、7 日、8 日）结束后，即 2018 年 6 月 9 日，举行下一次管委会会议。

6. 其余事项

本次会议未讨论其他事项。

二、培训中心 2017 年执委会会议

（一）会议时间、地点及出席人员

培训中心 2017 年执委会会议于 2017 年 4 月 3 日在故宫博物院紫禁书院（八间房）召开。与会人员有：

单霁翔，故宫博物院院长；

关强，国家文物局副局长；

宋纪蓉，故宫博物院副院长、国际博协培训中心主任；

安来顺，国际博协副主席、中国博协副理事长兼秘书长；

闫宏斌，故宫博物院宣教部主任、国际博协培训中心办公室主任；

果美侠，故宫博物院宣教部副主任、国际博协培训中心办公室副主任；

克劳德·福贝尔，国际博协培训中心协调人。

（二）会议议程

1. 汇报 2016 年米兰大会后国际博协对培训中心相关工作的调整与期待

2. 汇报拓展培训中心工作的若干建议

3. 汇报培训中心 2017 年秋季班相关计划

（三）会议主要内容

1. 2016 年米兰大会后国际博协对培训中心相关工作的调整与期待

汇报人：安来顺

2016 年 6 月米兰大会之后，国际博协整体工作进入新的阶段，培训中心管理工作也面临调整与重组。截止到目前，国际博协已采取相关措施以建

立更加高效和稳定的管理体系。

首先，培训中心管委会领导成员将于 2017 年 6 月 10 日巴黎召开的培训中心管委会上更新。届时，国际博协主席苏埃·阿克索伊和国际博协中国国家委员会主席关强将分别就任管委会主席和副主席。

其次，培训中心学术委员会重组。国际博协前主席汉斯－马丁·辛茨已于 2017 年 1 月被正式任命为培训中心新一届学术委员会主席（2017–2019）。国际博协拟于 2017 年 6 月 6 日在巴黎召开培训中心新一届学术委员会会议。

另外，确认培训中心协调人的地位。国际博协高度认可克劳德·福贝尔先生长期以来对培训中心工作的辛勤付出，并已于 2017 年 2 月与其正式签订合同，确认其将长期担任培训中心协调人，同时兼顾国际博协其他培训事项。协调人的地位稳固，将有利于培训中心未来各项工作的开展。

鉴于国际博协、国际博协培训中心的管理工作均处于调整和变革时期，培训中心应及时做出相应调整。培训中心三年多的扎实工作已为其发展壮大打下了坚实的基础，此时培训中心应抓住机遇，积极拓展培训工作。2017 年 6 月，一系列关乎培训中心发展的重要会议将于巴黎召开，届时培训中心应派出故宫代表积极参与。

2. 关于拓展培训中心工作的若干建议

汇报人：闫宏斌

2 月 21 日，中国博协秘书长安来顺、副秘书长艾静芳与培训中心办公室负责人闫宏斌等就国际博协执委会对于培训中心未来发展的建议进行讨论与分析，整理了关于拓展培训中心工作的若干建议：

第一，培训中心将尝试引进现代互联网技术，积极推进培训课程资源共享。具体包括尝试开发培训中心远程教学平台，实现培训课程资料的上传与下载、在线提问交流、培训经验分享等功能；利用远程教学平台进行教学资源分享，扩大培训中心的国内影响力；对培训课程在线直播进行技术探讨；于 2017 年春季培训班期间尝试对部分培训课程进行测试性直播，并利用中国博协远程教学平台与学员共享课程资源。

第二，推广故宫国际培训经验，选择有条件的外地博物馆承办培训班。2018 年即可借鉴坦桑尼亚非洲班的模式，尝试在京外开办培训班。

第三，开设"ITC 学术报告厅"，丰富培训中心的活动内容。建议由培训中心学术委员会每年拟定专题，以培训中心的名义，不定期邀请国内外博物馆界知名专家在北京或其他城市举办讲座（例如特邀每年来中国访问的国外著名博物馆馆长、国内著名馆长专家等，个别考虑由培训中心专门邀请），并将学术报告内容通过网络共享。

第四，扩大宣传力度，组织培训资料的编辑出版。为更好地利用、保存往期培训资料，让培训内容惠及更多受众，建议未来每三年进行一次培训资料汇总，编辑电子版培训资料集，与国际博协会员共享。

第五，故宫派出代表参加培训中心管委会年度会议。2017 年 6 月 10 日，培训中心管委会年度会议将在法国巴黎举行，故宫将派出代表参加相关会议。

3. 培训中心 2017 年秋季班相关计划

汇报人：克劳德·福贝尔

培训中心 2017 年将举行两期培训班。根据第二次管委会会议对议题商定的方向，确定 2017 年两期培训班主题为：

2017 年 4 月：我们的博物馆——丰富全龄段观众体验

2017 年 11 月：博物馆参与型展览开发

三、培训中心学术委员会会议（第二届第一次会议）

（一）会议时间、地点及出席人员

2017 年 6 月 6 日，培训中心第二届学术委员会第一次会议在法国巴黎国际博协办公室召开。

出席人员：

汉斯－马丁·辛兹（Hans-Martin Hinz），国际博协主席；

克劳德·福贝尔（Claude Faubert），国际博协培训中心协调人；

德博拉·图特－史密斯（Deb TOUT-SMITH），国际博协澳大利亚国家委员会代表；

达科·巴比克（Darko Babic），国际博协人员培训委员会代表；

玛丽·克莱蒂·奥尼尔（Marie-Clarté O'NEILL），国际博协教育与文化活动委员会代表；

玛丽·克拉弗里（Marie Claverie），记录员。

缺席人员：

潘守永，国际博协中国国家委员会代表；

宋向光，国际博协中国国家委员会代表；

张仁卿（Inkyung Chang），国际博协韩国国家委员会代表；

田直子（Naoko Sonoda），国际博协日本国家委员会代表；

布鲁诺·布吕隆·苏亚雷斯（Bruno Brulon Soares），国际博物馆学委员会代表；

安来顺，国际博协副主席；

果美侠，故宫博物院宣教部（国际博协培训中心办公室）副主任。

嘉宾（出席后半程会议）

关强，国际博协中国国家委员会，国家文物局副局长；

罗静，国家文物局博物馆与社会文物司巡视员（主持工作）。

（二）会议主要内容

1. 学术委员会管理

大会主席再次向管理委员会提出，学术委员会的职责是为培训中心及其各类项目未来的发展提出建议。为保证学术委员会的管理工作高效有序进行，建议于明年（2018 年）召开第二次会议。同时，学术委员会各委员将以邮件方式展开交流。

2. 成立新培训中心的可能性

第一届执行委员会曾建议，从长远发展角度，可考虑在世界其他地区成立新的培训中心。非洲国家安哥拉曾被纳入考虑范围，但由于缺乏经济、行政管理方面的有效支撑，未能实施。因此，若国际博协培训中心计划继续于非洲开办培训班，可以坦桑尼亚培训班为例组织特别培训班。

3. 国际博协培训中心评估、建议与决策

（1）培训班评估

中方表示，中国学员对培训班作出了积极的反馈。培训中心向参与往期培训班的所有学员发放了调查问卷。回收数据显示，培训班主要存在由于语言障碍和文化差异导致的专家与学员之间的沟通理解偏差的问题。今后，培训中心将在学员选拔环节增加英语水平测试。为了更好地了解和满足参与培训学员的需要，建议在国际博协成员网络中展开调查。

（2）常规培训班开办时间与地点

限于工作量较大，每年举办更多期培训（每年 3 期）很难实现，但培训中心可通过丰富常规培训班的培训地点来增强培训的多样性，同时打破地域限制，惠及更多地区的博物馆人。

往期培训班均在北京故宫博物院举办。经建议，委员会决定每年在北京与中国其他城市各举办一期培训班，以实现地域均衡。考虑到管理因素，应尽快选定 2018 年培训的举办城市。

（3）培训班主题

培训班主题的选定始终坚持"4+1"循环模式（4 年主题 +1 个特别主题）。大会提出培训项目应继续关注博物馆基本要素，即围绕管理、教育、收藏、展览四个主题循环展开，同时增加博物馆可持续性、争议性及独立性等方面的热点话题。此外，博物馆伦理是培训不变的核心主题。

若于京外举办培训班，则可结合承办地博物馆的特点，集中关注特定类别的博物馆（考古、科学、艺术和自然历史等），讨论管理、收藏、教育及展览方法在该类博物馆相关工作中的运用。

（4）培训课程

针对专家课程内容设置可能存在重叠的问题寻求解决方案。协调人克劳德·福贝尔表示他将提前做好专家之间的协调工作，在培训班开班前为专家提供沟通机会。

关于培训课程材料，建议培训中心以 PDF 电子文档的形式向学员发放推荐读物，并发放《国际博协伦理准则手册》，以便学员轻松获取参考书籍，并加深对博物馆伦理这一培训核心的了解。

（5）讲师选拔

国际博协秘书处专设数据库收集国际博协内有兴趣担任讲师的会员申请。

（6）奖项设置

建议通过设置奖项的方式吸引更多培训班的学员参与培训中心的活动。邀请往期培训班全部学员对其于培训班结束后开展的某一项目进行展示。培训中心学术委员会将作为评审团从中选拔最佳项目。

（7）培训中心证书

由于培训中心证书在学员未来职业生涯中的作用（除作为荣誉和象征外）尚不明确，建议培训中心就该问题向往期培训班学员收集反馈。

4. 中国以外地区的特别培训班

大会主席希望培训中心以2015年坦桑尼亚特别培训班为基础，组织更多的特别培训班。但受管理与经济因素的影响，此类特别培训班仅在有其他赞助商资助的情况下，作为特例举办。

四、国际博协执行委员会与咨询委员会相关工作汇报

（一）在国际博协执委会第135次会议上的汇报

时间地点：2017年6月5日，法国巴黎

汇报人：安来顺

汇报内容：培训中心2016年12月以来的工作，包括：

（1）2017年4月在北京举办第七期培训班的专家、学员、课程、安排及学员评价等方面情况；

（2）2017年11月北京第八期培训班主题提议；

（3）培训中心执委会对于培训中心未来发展规划的讨论。

（二）在国际博协执委会第136次会议上的汇报

时间地点：2017年12月，法国巴黎

汇报人：安来顺

汇报内容：培训中心 2017 年 6 月以来的工作，包括：

（1）2017 年 11 月在北京举办第八期培训班的专家、学员、课程、安排及学员评价等方面情况；

（2）2018 年 4 月北京第九期培训班主题提议；

（3）2018 年 11 月培训中心第十期培训班将于 11 月 14 日至 22 日在中国福州福建博物院举办。

（三）在国际博协咨询委员会第 83 次会议上的汇报

时间地点：2017 年 6 月 8 日，法国巴黎

汇报人：故宫博物院宣传教育部（暨国际博协培训中心办公室）代表闫宏斌、范雪纯

汇报内容：培训中心 2016 年 6 月至 2017 年 6 月工作情况及未来工作规划，包括：

（1）感谢国际博协对培训中心慷慨的支持与极具先进性的指导；

（2）培训中心于北京举办的第七期和第八期培训班的基本信息、学员和教师情况、培训内容和形式以及培训评估和反馈；

（3）培训中心对第九期、第十期培训班的规划和设想；

（4）扩大培训中心影响力的措施。

后 记

　　岁月如梭，2013 年至今，培训中心经历了从无到有，再逐渐成熟的过程。2017 年，培训中心稳步发展、积极创新，收获了丰硕的成果。第四个年头过去了，当我们再次坐下来总结一年的工作时，我们慨叹时光荏苒，感激合作三方协作共进，更感恩一年来所有参与培训的专家和学员们的奉献与热情。仅以此年度报告纪念我们共同的奋斗历程。

　　培训中心发展至今，无论在主题选择、课程设置，还是培训组织、培训资料方面都形成了较为成熟的执行模式。在工作人员的努力下，每一期也总能有与以往不同的闪光点。大家或在培训课程设计上下功夫，紧密结合主题，有针对性地给予主题更好的阐释；或注重综合增强培训效果，提升培训体验。点滴之间是每一位工作人员的匠心与创想，培训中心也因此蒸蒸日上。

　　对于参与过培训班的专家、学员来说，这里不仅仅是一个学习交流的平台，也是一个结识伙伴的地方。培训期间，大家积极在课上、课下交流，相约在课后一起在北京观光，感受其历史文化氛围；培训过后，大家的交流也并没有停止，仍旧及时与彼此分享好的文章、好的展览或学习机会，互通有无。通过培训，大家结识的不仅是学习的同伴，更是未来工作和发展中的合作伙伴。许多学员在培训结束后给培训中心办公室发来感谢信，还积极推荐身边的同行、朋友前来报名参加培训。他们的热情和对培训中心的赞誉都让培训中心的工作人员非常感动。

　　看到培训中心一路走来的收获与成就，我感到非常高兴。目前，国际博协培训中心已成为国际博协的一个重要项目。作为国际博协实施人才培养战略极其重要的途径，这个项目在一系列行动方案中占据着头等重要的位置。2016 年 6 月米兰大会之后，国际博协整体工作进入新的阶段，国际博协培训中心的管理工作和其他相关工作也面临调整与重组。国际博协执委会就进一步拓展培训中心工作提出了一些具体建议，培训中心工作人员就相关建议已采取相应行动进行初步探索和尝试，为建立更加高效和稳定的管理体系和工作体系迈出了第一步。

2017 年培训中心的工作已告一段落。2018 年我们将在已有的成功经验和运作模式的基础上，通过拓宽培训渠道和引进技术手段，继续扩大培训中心的影响力和辐射面，让更多国际和中国博物馆同行受益。

国际博协副主席

中国博协副理事长兼秘书长

2018 年 4 月

致　谢

　　2017 年岁末，当卓越与精彩再次收入囊中，国际博协培训中心已然走过了将近 5 个年头。海纳百川，有容乃大；绳锯木断，水滴石穿。于培训中心而言，经过积累与沉淀，2017 年其国际地位稳步提升，组织机构日臻完善，培训资源得以拓展，课程更为专业化，组织工作亦更加细致。这本报告记录了培训中心 2017 年的进步、成长与所得，亦记录了培训中心合作三方的努力、付出与贡献。

　　感谢国际博协的领导与同事对培训中心的鼎力支持，感谢他们在工作中的高效与专业。作为国际博协引以为傲的项目之一，国际博协内从主席到执委会成员都非常重视这个项目的运行与发展。2017 年，培训中心各项工作均平稳度过变革期，进入了新的发展阶段。感谢国际博协主席苏埃·阿克索伊女士，特意前来为培训班学员授课，并参与观摩培训项目，为项目的执行提出建设性的意见与建议；感谢国际博协副主席安来顺先生提供的悉心指导与密切协助；感谢国际博协秘书处各位同仁为培训中心各项工作的倾情付出；感谢学术委员会主席汉斯－马丁·辛兹先生及各位成员对培训中心的内容、主题、形式提出的前瞻性建议和专业化指导；感谢培训中心协调人克劳德先生在培训班筹备、组织和评估中的专业性意见和毫无保留的付出。

　　作为三方合作的重要促成者、衔接者，中国博协一众同仁对培训中心的工作也给予了莫大的支持，感谢中国博协领导与同事的倾情奉献。无论是培训班的宣传展示还是培训期间、培训后期的技术和平台支持都为培训班的发展提供了广阔的空间。

作为培训班主办方之一，培训中心工作的顺利开展也离不开故宫博物院院领导的支持与同仁们的配合。感谢单霁翔院长和宋纪蓉副院长自始至终的关心与鞭策，感谢院内各处同事对培训中心各个课程环节的付出与贡献。正是因为有着来自合作三方充足的人力、物力和财力支持，以及来自全国、全世界文博专家、学者和博物馆人的支持，才有了培训中心近 5 年来平稳而快速的发展。

在这里，我们还需要感谢为这份报告的翻译和校对付诸努力的实习生们，他们分别是赵健行、康梦婷、于肖末、马邹容、曾绮湘、吴纪恩、齐政文和高怡雯。

如今的培训中心办公室已建立起一套规范、合理、有效的工作方法，能够灵活、从容地安排工作和应对各种事件。2017 年，我们有条不紊、有的放矢地处理各项工作。在这里，以这份报告向我们的 2017 年交上一份答卷。2018 年，我们也将继续孜孜不倦，更上一层楼！

国际博协培训中心办公室

2018 年 4 月